자신이 선택한 언어로
· 삶의 한계를 넓혀갈

_____ 님께

내 언어의 한계는 내 세계의 한계이다

내 언어의
한계는
내 세계의
한계이다

김종원의 세계철학전집
×
비트겐슈타인 for 언어

김종원 지음

 mindself

앞으로 살아갈 세상의 한계를
넓히고 싶은 당신에게

"그것이 어디로 가는지 누가 알겠는가,

어디서 온 것인지조차 모르는데."

답이 없는 시대를 산다고 말하는 사람이 많다. 하지만 나는 그
렇게 생각하지 않는다. 답을 찾지 못하거나, 없다고 생각하는 이유
는 그 문제가 어디서 온 것인지 모르기 때문이다. 어디서 온 것인
지 아는 사람은 그것이 무엇이든 어디로 가는지도 알 수 있다.

시작과 본질 그리고 근원을 모르는 사람은 더욱 살기 힘든 세
상이다. 이제 비밀은 없다. 모두에게 같은 텍스트가 주어지고 있

어서다. 그런데 같은 텍스트를 읽지만, 모두의 변화는 제각각이다. 이유는 텍스트를 바라보는 '어떤 시선으로 읽느냐?', '무엇을 찾아낼 것인가?', '찾아낸 것을 삶에 어떻게 녹여낼 것인가?' 이 세 개의 관점과 질문의 수준이 서로 다르기 때문이다. 좀 더 높은 수준의 소유자에게는 우주처럼 끝나지 않는 지성의 세계가 열리겠지만, 그렇지 않은 사람에게는 아무런 감흥도 느껴지지 않는다.

나는 2008년부터 그 문제에 대한 사색을 시작했고, 16년이 지난 지금에서야 《김종원의 세계철학전집》으로 내가 찾은 답을 세상에 전할 수 있게 되었다. 이 전집의 핵심 메시지를 간단하게 압축하면 이렇다.

1. 철학은 반드시 답을 찾는다. 좀 더 좋은 답도 있고, 좀 더 깊고 풍성한 답도 있다. 전집을 통해서 독자에게 읽고, 사색하며, 실천까지 옮기는 일상의 기쁨을 선물한다.
2. 전집 30권의 큰 구성은 이렇게 진행한다. 살아가는 데 반드시 필요한 30개의 키워드를 먼저 정한 후, 거기에 가장 적합한 30명의 철학자를 통해 이야기를 나눈다.

3. 앞으로 책에서 소개할 주인공은 각자 예술가의 상상력, 학문적
   인 성과, 현실적인 경험과 지혜 그리고 탁월한 창조력을 가진 인
   물들이다.
4. 일상의 작은 고민에서 시작해 각종 비즈니스와 삶의 현장 곳곳
   에서 확실하게 도움이 될 수 있는 해답을 제시한다.

이런 방식으로 그들이 남긴 메시지를 농밀하게 추출해서 소개
할 예정이며, 그 내용을 쉽게 이해할 수 있게 설명한 후, 내면에 각
인할 수 있도록 필사 문장을 제공할 것이다. 이로써 매일 한 장 한
장 읽어나갈 당신의 삶은 이전과 완전히 달라질 것이다.

2권의 주인공은 20세기를 대표하는 가장 열정적인 천재 '루트
비히 비트겐슈타인'으로, 그를 대표하는 키워드는 '언어'이다. 나
이 서른, 마흔이 지나며, 시간이 흐를수록 그가 남긴 수많은 글을
통해, 그리고 일상에서의 경험을 통해, 우리는 이런 위대한 사실을
깨닫게 된다. "내가 가진 언어의 한계가 내가 살아갈 세상의 한계
를 결정한다." 누군가에게는 이 사실이 축복이겠지만, 반대로 누군
가에게는 미치도록 벗어나고 싶은 지옥과도 같은 저주다.

나는 당신에게 축복을 전하기 위해 사명감을 품고, 이 책을 쓰

기 시작했다. 내가 미치도록 치열하게 사색하며, 섬세하게 읽고,
썼으니, 이제 당신은 그저 뜨거운 마음으로 읽기만 하면 된다.

차례

|프롤로그| 앞으로 살아갈 세상의 한계를 넓히고 싶은 당신에게 · 7

농밀한 언어
: 내 언어의 한계는 내 세계의 한계이다

1. 좋은 소식이 끊이지 않는 인생을 사는 사람의 비밀 · 19

2. 우리는 지금 언어와 싸우고 있다 · 22

3. '이렇게 살다가 죽는 건가?'라는 생각이 들 때 · 25

4. 이렇게 살다가 죽지 않으려면 어떻게 해야 하는가? · 28

5. 어른은 단어를 골라서 쓰는 사람이다 · 31

6. 언어 수준이 높아지면 다른 세계를 만나게 된다 · 34

7. 말과 글은 지금까지 쌓은 지성과 안목의 결과다 · 38

8. 말할 수 없는 것에 대해서는 침묵해야 한다 · 41

9. 변화는 타인을 바라보는 나의 태도를 바꾸며 시작된다 · 44

10. 분야와 영역을 모두 파괴하고 어디든 갈 수 있는 사람 · 48

11. 행복하게 일하면서 기쁘게 세금을 내는 법 · 51

12. 40대 후반부터 멋지게 성장하게 만드는 말투 · 54

13. 노예와 자기 삶의 주인은 바라보는 곳이 다르다 · 57

14. 어떤 일을 할 때 동기 부여와 믿음은 스스로 주는 것이다 · 60

15. 경탄의 크기가 곧 성장의 크기다 · 62

지적인 생각
: 언어는 우리의 생각을 담는 그릇이다

16. 모든 공간을 깨달음을 주는 지혜로운 학교로 만드는 한마디 · 69

17. 읽고 필사하면 생각이 깊어지는 10가지 말 · 72

18. 애플의 CEO를 만나지 않아도 애플의 내일을 짐작할 수 있다 · 74

19. 세상에서 가장 독창적인 결과는 용기에서 나온다 · 77

20. 지성인의 기초 체력을 다지게 돕는 5개의 단어 · 79

21. 이제는 보면 저절로 아는 능력이 필요하다 · 82

22. 당신의 눈이 겪게 해야 얻을 수 있다 · 85

23. 영끌이나 성급한 투자로 실패하지 않게 돕는 10가지 말 · 88

24. 과도하게 시끄러운 열정을 경계해야 하는 이유 · 91

25. 배울 포인트를 제대로 알아야 배울 수 있다 · 94

26. 읽고 곰곰이 사색하면 지적 수준이 바로 높아지는 10가지 조언 · 97

27. 되는 일이 없어 무기력한 일상을 바꾸는 말 · 100

28. 태도를 바꾸면 인생의 가치까지 바꿀 수 있다 · 103

29. 결국 모든 것을 해내는 사람의 질문은 방향이 다르다 · 106

3장

섬세한 표현
: 상대에게 도착해야 말이라 부를 수 있다

30. 특히 젊은 시절에 치열하게 사랑해 봐야 하는 이유 · 113

31. 지적 수준이 낮은 사람은 더 많이 분노하며 살게 된다 · 116

32. 마음은 말로 표현할 수 있는 만큼 전할 수 있다 · 119

33. 공감 능력을 최대치로 키우는 일상의 표현력 연습 · 123

34. 사소한 것 하나에서도 빛과 본질을 발견하는 질문법 · 126

35. 음악처럼 들리지 않는다면 플레이 리스트에서 삭제하라 · 130

36. 힘든 시기를 반등의 기회로 바꾸는 6가지 생각법 · 133

37. 아무리 노력해도 잘 안되는 사람이 꼭 기억해야 할 것 · 136

38. 어떤 장소에서도 주인공이 되는 생각법 · 139

39. 읽히고 공감받고 공유까지 되는 글의 특징 · 142

40. 다른 사람을 생각한다는 건 원래 불가능하다 · 145

41. 극심한 두려움을 가볍게 극복하고 날아오르는 법 · 147

42. 세상에서 가장 게으른 사람은 자신이 옳다고 믿는 사람이다 · 150

43. 세상이 아무리 흔들어도 중심을 잡고 가는 사람 · 153

44. 화날 때 읽으면 분노가 점점 가라앉는 10가지 글 · 156

일상의 적용
: 인간은 자신의 언어로 자신의 삶을 살아간다

45. 포로 생활을 즐기며 유산까지 거절한 사람의 이야기 · 163

46. 이제는 자기 삶의 사전 하나 정도는 가질 나이다 · 166

47. 9,200억 원의 계약금을 만든 오타니의 한마디 · 169

48. 마흔 이후에는 거절을 두려워하지 말아야 한다 · 172

49. 악플러는 언어 수준이 낮은 '주관적 확실성'에 갇힌 자다 · 175

50. 먼저 분노하는 사람이 영원히 지는 거다 · 179

51. 대화가 잘 맞는 사람과 만나야 하는 10가지 이유 · 182

52. 나를 진짜 걱정하는 사람과 아닌 사람을 구분하는 법 · 185

53. 참을성이 많은 사람은 참을 게 많은 사람이다 · 188

54. 질투와 시기심은 자신의 무지를 증명한다 · 192

55. 누군가의 붙임성이 좋다고 느껴진다면 · 195

56. 배움의 과정에서 꼭 기억해야 할 3가지 동력 · 198

57. 무엇보다 내 마음 건강이 가장 먼저다 · 201

58. 12월은 여전히 낯선 나를 만나는 달이다 · 204

59. 지혜롭게 배려하며 전하는 3가지 조언의 기술 · 207

독서와 쓰기
: 우리는 자신이 설명할 수 있는 것만 발견할 수 있다

60. '사랑'이라는 단어를 쓰지 말고 사랑에 대한 글을 써라 · 215

61. 글로 표현할 수 있어야 안다고 말할 수 있다 · 218

62. 읽은 것을 100% 나의 것으로 만들지 못하는 이유 · 221

63. 읽은 것을 100% 나의 것으로 만드는 5가지 방법 · 224

64. 손이 무엇을 쓰는지 머리도 알게 하라 · 228

65. 사물의 가치를 제대로 발견하게 돕는 언어 · 231

66. 즐기지만 말고 즐겼던 순간을 글로 써서 남겨라 · 234

67. 1일 3 포스팅을 농밀하게 실천하는 7가지 태도 · 236

68. 평생 성장을 멈추지 않게 만드는 2가지 조건 · 239

69. 글을 쓰면 바로 능력이 10배가 되는 이유 · 242

70. 글쓰기와 독서의 수준을 높여주는 5가지 조언 · 245

71. 일상에서 일어나는 모든 일을 글의 재료로 쓰는 법 · 248

72. 쓸 만한 사람이 되면 글은 저절로 자신을 쓴다 · 251

73. 글쓰기는 단순히 지식을 보기 좋게 '정리'하는 게 아니다 · 254

74. 일상이라는 원고지에 어떤 글을 쓰며 살고 있나 · 258

75. 더 많은 사람이 키스를 부르는 글을 쓰면 좋겠다 · 261

|에필로그| 진짜 고전은 단순히 오래된 책이 아니라
내가 오랫동안 실천한 글을 말한다 · 264

김종원의 세계철학전집

비트겐슈타인 for 언어

1장

농밀한 언어

: 내 언어의 한계는 내 세계의 한계이다

Ludwig Josef Johann Wittgenstein

좋은 소식이 끊이지 않는
인생을 사는 사람의 비밀

01

누군가의 가치관이나
선악의 기준을 알고 싶다면,
그 사람에게 직접 질문하는 것보다
더 간단하고 정확한 방법이 있다.
그 사람이 무엇을 바라보며
자주 미소 짓고, 웃는지
눈여겨보는 것이다.

Ludwig Josef Johann Wittgenstein

당신은 무엇을 보며 자주 웃는가? 무엇이 당신을 분노하게 만드는가? 결국 자주 바라보며, 눈에 담는 그것들이 내 생각과 일상을 장악한다.

가끔 의도적으로 SNS에 자랑으로 읽힐 수 있는 글을 쓰고, 반응을 관찰한다. 이유는 간단하다. 누가 그 글에 '좋아요'를 누르거나 '댓글'로 반응하는지 지켜보기 위해서다. 그럴 때마다 놀라운 일이 일어난다. 가끔 내게 좋은 소식이 생겨서 자랑하는 방식의 글을 써서 올리면, 항상 좋아요를 누르거나 댓글을 정성스럽게 써 주는 이들이 공통적으로 나타난다는 사실이다. 그들은 참 고맙게도 늘 잊지 않고, 마음을 표시한다.

나는 그들의 면면을 더욱 섬세하게 기억하려고 애쓴다. 왜일까? 그들이 나를 응원해 줘서? 전혀 그렇지 않다. 타인의 기쁜 소식에 마치 자기 일처럼 기뻐해 주는 사람들의 미래는, 그렇지 않은 사람보다 비교할 수 없을 정도로 매우 밝아서다. 그들의 존재는 마치 어둠이 그친 후 떠오른 아침 햇살과도 같다. 그들이 응원해 줘서 그들을 기억하는 게 아니라, 오히려 그들에게 힘과 희망을 얻어가기 위해서 그들을 기억하려고 애쓴다.

물론 나 역시 누군가 새로운 사업을 시작할 때나 신간을 출시할 때, 좋은 집을 구매했거나 원하는 목적을 이뤘을 때, 늘 가서 좋은 마음을 전하려고 애쓴다. 앞서 말한 것처럼 그건 결국 나 자신을 위한 선택이라서 그렇게 한다.

"늘 타인의 기쁜 소식에

좋은 마음을 전하는 사람을

더 많이 곁에 두자.

그리고 나도 그런 사람이 되자.

그럼 나도 마찬가지로

좋은 소식이 끊이지 않는

멋진 인생을 살게 된다."

우리는 지금
언어와 싸우고 있다

02

생활이 자꾸만 변화하는 것은
인생에 있어서 가장 기본적인 일이다.
물론 그런 과정과 결과는
습관에 있어서도 마찬가지다.

Ludwig Josef Johann Wittgenstein

우리의 생활은 마치 바퀴처럼 계속 돌아가며, 다른 모습을 보여준다. 하지만 모두가 같은 삶을 사는 건 아니다. 그들의 습관이 다른 것처럼 삶의 모습도 매우 다르다.

원인은 역시 언어에 있다. 그냥 소리만 치면 꿈이 이루어지는 게 아니라, 자신이 만들고 싶은 제품이나 콘텐츠를 제작할 사람에게 설명할 수 있어야, 생각한 바를 현실로 부를 수 있다. 즉, 구체적으로 설명해서 상대방이 허공에 그릴 수 있을 정도가 되어야, 비로소 우리는 자신이 생각한 것에 가장 가까운 모습으로 만들 수 있다.

만일 늘 자신의 결과물이 불만족스럽거나 '이게 아닌데.'라는 생각이 든다면, 다른 사람이 아닌 자신의 표현력을 먼저 돌아봐야 한다. 또 좀 더 선명한 표현력을 통해 세상의 좋은 것들을 부르는 태도를 가지려면, 다음 7가지 사항을 꼭 기억할 필요가 있다.

1. 원하는 인생을 한 문장으로 가장 분명하게 표현하라.

2. 뭐든 한 줄로 설명할 수 없다면, 잘 모르는 것이다.

3. 말줄임표를 쓰지 말고, 글을 끝까지 마무리하라.

4. 24시간 원하는 모습을 상상하고, 허공에 그려라.

5. 가난의 언어와 부의 언어가 무엇이 다른지 사색해 보라.

6. 늘 가능하다는 생각에서 계산을 시작하라.

7. 보자마자 힘이 되는 말을 자주 낭독하고, 필사하라.

가난이 대물림 되는 게 아니라, 가난한 언어가 대물림 되는 것이고, 무지한 최악의 나날이 대물림 되는 게 아니라, 무지한 최악의 언어가 대물림 되는 것이다. 뭔가 괜히 잘 안되는 게 아니라, 당신이 자기 자신과 소중한 가족에게 안 되는 언어를 쓰고 있는 것이다.

"더 좋은 인생을 원한다면,

그 인생에 맞는 언어를 사용하라.

좀 더 선명하게 표현할수록

원하는 인생을 살 가능성도 높아진다."

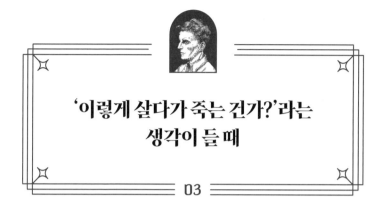

'이렇게 살다가 죽는 건가?'라는
생각이 들 때

03

가파르고 높은 산을 올라가려면,
무거운 배낭은 산기슭에 놔두고,
가볍게 출발해야 한다.

Ludwig Josef Johann Wittgenstein

부모가 막대한 유산을 남기고 세상을 떠났다면, 당신은 어떤
삶을 선택할 것 같은가? 비트겐슈타인에게는 실제로 그런 일이
일어났다. 그러나 그의 선택은 모두의 짐작과는 달랐다. 그는 유산
으로 엄청난 부를 얻게 되었는데, 놀랍게도 재산 전부를 주변 예
술가와 형제들에게 다 줬다. 그 이유는, 위에 소개한 그가 했던 3줄

의 말이 대신한다. 그는 당시 자기만의 삶을 살기로 결심한 상태였고, 그런 자신에게 막대한 유산은 그저 무거운 짐에 불과했던 것이다. 당신의 생각은 어떤가?

내 이야기를 잠시 하자면, 직장에 다니면서 책을 쓰고, 동시에 강연도 병행할 때는, 경제적으로 지금보다 넉넉해서 정기적으로 골프를 즐기기 위해 필드로 나가기도 했다. 그러다가 전업작가의 삶을 선택하면서부터 초기에는 매우 힘들었지만, 분명한 철학을 바탕으로 열심히 글을 쓰며 살고 있다. 그러나 놀랍게도 직장에 다닐 때와 비교하면, 여전히 경제적으로 풍족하지는 않다. 더구나 책에서 나오는 인세는 월급처럼 안정적이지 않아서 삶을 예상하기 어렵다. 그런 상태에서는 누구나 이런 불안한 마음이 들기 마련이다. '다시 예전에 가졌던 것을 손에 쥐어야 할까?', '내가 굳이 힘든 길을 걷는 건 아닐까?'

그러나 나는 알고 있다. 자신이 현재 가지고 있는 것을 하나도 포기하지 않고, 또 버리지도 못할 때, 인간은 자기 삶의 이유를 잃고, 방황만 거듭하게 된다는 사실을 말이다. 그래서 그 순간의 결정이 매우 중요하다. 비트겐슈타인처럼 버려야 할 때 버리지 못하면, 나중에는 세상으로부터 자신의 인생 자체가 버려지는, 상상도 못할 현실을 맞이하게 된다. 그런 상태가 되면, 이런 고민에 빠져 고통 속에서 아우성치게 된다.

"지금까지 나는 내 세계를

만들기 위해 분투한다고 생각했는데,

중심이 어디인지도 모르는 상태에서

바보처럼 주변만 떠돌았구나."

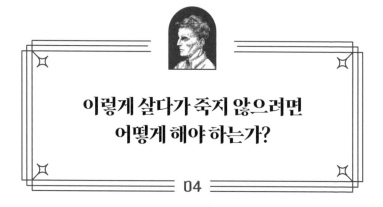

이렇게 살다가 죽지 않으려면
어떻게 해야 하는가?

04

불쾌함도 세상이 주는 선물이니,
걱정마저도 고맙게 받아들여라.

Ludwig Josef Johann Wittgenstein

앞선 내용에서 더 이어가 보자. 그럼 이렇게 살다가 죽지 않으려면, 어떻게 해야 할까? 당신의 인생은 지금 어떤가? 평생 스스로 삶의 중심이 되지 못하고, 다른 삶만 부러워하며 살다가, 문득 "이렇게 살다가 죽는 건가?"라는 뜨거운 열기 가득한 말에 우리의 생은 다시 바짝 마른다. 그리고 "나는 왜 살고 있는가?", "무엇을 추구하고 살아야 하며, 그것은 내게 어떤 의미인가?"와 같은 수없이 많은 질문을 자신에게 아무리 던져도 인생은 쉽게 바뀌지 않는다. 질문 자체가 답은 아니기 때문이다.

그래서 나는 다양한 것을 버렸다. 여기에서 '포기'가 아닌 '버렸다'라는 표현을 선택한 이유는, '하고 싶지만 억지로 포기한 것'이 아니라, '더 원하는 삶을 위해 우선순위에 적혀 있지 않은 것을 버려서'다. 포기가 아닌 선택이었기에 나는 내 삶에 만족할 수 있었다. 따라서 나는 비트겐슈타인이 그랬던 것처럼 언어 표현의 중요성을 매우 강조한다. 만약 내가 '나는 원하는 것을 하기 위해 많은 것을 포기했다.'라고 생각하면, '포기한 만큼 잘해야 한다는 압박감'과 '잘되지 않으면 어쩌지?'라는 고민에 빠져 사소한 것 하나도 제대로 해내지 못했을 것이다.

그가 "불쾌함도 세상이 주는 선물이니, 걱정마저도 고맙게 받아들여라."라고 말한 이유도 바로 여기에 있다. 모든 것을 선물이라고 생각하면, 모든 것에서 배울 수 있다. 인생은 결국 선택이며, 그 안에는 언어가 가득하다. 그래서 내 언어의 한계가 내 세계의 한계인 것이다.

"'이렇게 살다가 죽는 건가?'라는 생각이 들 때,

반대로 '이렇게라도 살아야 하는 이유'를 찾아서

그 삶의 원칙을 추구하며 살아보라.

당장 당신의 내일이 달라질 것이다."

어른은
단어를 골라서 쓰는 사람이다

05

자아 성찰은
강요나 억지가 아닌,
내 삶의 새로운
한 부분이어야 한다.

Ludwig Josef Johann Wittgenstein

"누가 어른인가?" 이렇게 묻는다면, 뭐라고 답할 수 있을까? 나는 분명히 이렇게 답할 수 있다. "어른이란, 사용하는 말이 다른 사람이다. 그래서 그들은 단어를 골라서 사용한다." 그럼 단어를 골라서 사용한다는 말은 뭘 의미하는 걸까? '자아 성찰'이 24시간 내내 이루어진다는 증거다. 그들은 억지나 강요가 아닌 스스로의 의지로 24시간 내내 자아 성찰을 반복한다. 어떻게? 언어 수준이 높은 지성인들은 언제나 곁에서 방법을 찾는다. 그래야 쉽게 할 수 있어서 그렇다. 그들이 찾은 답은 바로 '경청'이다.

누구나 알고 있다. 세상을 제대로 배우고, 인식하려면, 경청이 중요하다. 늘 배우려는 자세를 유지하려면, 제대로 경청해야 한다. 그러나 이 경청이라는 게 생각보다 쉽지 않다. 제대로 듣는 일이 얼마나 어려운지 들어보려고 시도해 본 사람은 안다. 경청이 어려운 이유는, 듣는 행위 자체가 곧 자아 성찰의 한 부분이라서 그렇다. 상대방의 이야기를 듣는 내내 우리는 자신에 대해서 생각하게 되고, 끝없이 이런 질문을 하게 되기 때문이다. "나는 왜 이런가?", "그의 말에 나는 뭐라고 답해야 하나?", "앞으로 내 부족한 부분을 어떻게 채워야 할까?"

제대로 경청하며, 자아 성찰을 통해 단어를 골라서 쓰는 어른의 삶을 시작하고 싶다면, 상대를 마주하는 시작부터 달라야 한다. 상대가 내 공간에 들어서는 그 순간부터 '저 사람의 말에 끝까지 귀를 기울이자.'라는 결심을 하고, 마음을 평온한 상태로 유지하지 않는다면, 그의 말에 적극적으로 반박하려는 마음을 잠재우지 못해서, 결국 비난과 분노로, 주어진 시간을 허무하게 소모할 가능성이 높다.

"방금 태어난 아이가 된 것처럼

모든 것을 비우고,

상대의 말을 끝까지 들어라.

그럼 그 대화의 끝에서

시작할 땐 짐작도 못했던

수많은 가르침을 얻게 된다."

언어 수준이 높아지면
다른 세계를 만나게 된다

06

들어야만 아는 사람은 들어도 모른다.
배워야만 아는 사람은 배워도 모른다.
스스로 깨닫지 못하는 사람은
죽는 날까지 하나도 모르고 살게 된다.

Ludwig Josef Johann Wittgenstein

섭섭한 마음은 상대에게 필요 이상으로 기대해서 나온 개인적
인 사정이다. 섭섭하다고 느끼는 건 자유지만, 그걸 상대에게 굳이
말해서 해소하려고 한다면, 그건 미련한 선택이다. 상대도 마찬가
지로 당신은 절대로 짐작도 못할 부분에서 당신에게 섭섭한 마음
을 느끼고 있을 것이기 때문이다. 그래서 누군가 먼저 자신의 섭

섭한 마음을 표현하면, 바로 상대방도 "야, 나는 뭐 섭섭한 게 없는 줄 아냐? 내가 말을 안 해서 그렇지."라고 시작해서 '섭섭한 대화'가 끝도 없이 이어진다. 지금도 95% 정도의 사람들이 이 지겨운 섭섭한 대화에서 벗어나지 못하고 있다. 하지만 그런 늪에 절대로 빠지지 않는 사람이 있다. 바로 언어 수준이 높은 사람들이다.

1개를 보면 100개를 짐작할 수 있는 사람은 1개가 전부라고 생각하는 사람들과 제대로 소통을 나누기 힘들다. 자신이 보는 1개가 전부라고 생각하면서 나머지 99개를 바라보지 못하는 사람에게 "왜 더 많은 것을 고려하지 못하느냐?"라고 아무리 외쳐도, 그들은 이해할 수 없기 때문이다. 그래서 언어 수준이 높은 사람들은 결국 다른 선택을 한다. 자신처럼 1개를 보면 저절로 100개를 짐작하는 사람들을 찾아가, 그들과 이야기를 나누며, 인연을 맺는 것이다. 이 모든 과정을 압축하면, 이런 한마디가 나온다.

"사람은 결국 말이 통하는 사람끼리 만나게 된다."

우리는 언어 수준이 같은 사람들과 어울릴 수밖에 없다. 아무리 돈이 많아도 말이 통하지 않으면, 오랫동안 함께 지내며, 진실로 소통하기 힘들다. 이를테면, 그런 것들은 이렇게 표현할 수 있다. 이 문장을 읽으며, 당신은 어떤 생각을 하나? "나는 그를 기다리고 있다." 1개가 전부라고 생각하는 사람은 그냥 눈에 보이는 이 글만 읽고, "그렇구나." 하고 넘긴다. 하지만 1개를 통해서 수많은 나머지 감정과 장면을 추측하는 사람들의 생각은 매우 다르다. 이런 방식으로 꼬리에 꼬리를 물고, 생각의 진보를 이어나간다.

- 돌아올 거라고 믿고 있구나.
- 하지만 강요하지 않는 마음이네.
- 조용히 자신의 일을 하며 기다리네.
- 따스한 겨울 풍경이 그려진다.
- 어른의 깊은 마음이 느껴져.
- 마음을 전부 빼앗기진 않았구나.
- 설령 오지 않아도 흔들리진 않을 것 같아.

언어 수준이 높은 사람은 한마디도 쉽게 흘리거나 스치지 않는다. 이렇게 자신의 방식으로 분석하고, 체계적으로 분리해서, 지성의 창고에 담는다. 누구든 연습으로 가능한 일이니, 위에 소개한 생각의 진보 과정을 필사하며, 잘 생각해 보라.

"언어 수준이 높아지면,

완전히 다른 세계를 만나게 된다.

그 수준에 맞는 사람과 환경이

마치 기적처럼 주어진다.

환경을 불평하지 말고,

낮은 언어 수준을 높이는 데 집중하라."

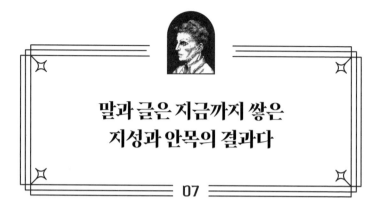

말과 글은 지금까지 쌓은
지성과 안목의 결과다

07

자신과 아무런 상관이 없는 문제에
자신을 끌어들이지 않는 것은
철학자가 가진 최고의 기술 중 하나이다.

Ludwig Josef Johann Wittgenstein

과연 이게 무슨 말일까? 내가 쓴 글을 천천히 읽다 보면, 자신과 아무런 상관이 없는 문제에 자신을 끌어들이지 않는 것이 무엇이며, 우리에게 어떤 가치를 주는지 저절로 알게 될 것이다.

때로는 자신이 머무는 직장이나 모임 혹은 단체에서 누군가를 미워하는 마음에 이렇게 말할 때가 있다. "쓰레기 같은 사람이

네!" 좋다. 그럼 당분간은 분노한 마음이 풀리고, 무엇보다 통쾌한 감정을 느낄 수 있다. 하지만 그런 좋은 감정은 절대로 오래 가지 않고, 사라진다. 사라진 후에는 처음보다 더 지독하고, 악취가 나는 나쁜 마음만 든다. 이유는 간단하다. 그가 쓰레기라는 말은, 당신이 머문 공간을 쓰레기통이라 부르는 것과 같기 때문이다. 한마디로 당신은 그를 비난한 게 아니라, 소중한 자기 자신에게 욕한 것에 불과하다. 타인을 향한 모든 비난은 이렇게 결국 자신에게 돌아온다.

간혹 글을 쓰면, 이런 댓글이 달린다. "당신은 왜 생각의 다양성을 인정하지 않으시죠?" 나는 여기서 이런 사실을 새롭게 깨닫게 된다. '이 사람과는 소통할 수 없겠구나. 이 사람은 잘 모르는 타인이 쓴 글에 자신의 무지를 생생하게 남길 정도로 낮은 수준이니까. 이유는 간단해. 그도 나라는 사람이 할 수 있는 생각의 다양성을 인정하지 못했잖아. 이 사람은 그냥 내가 싫은 것이고, 그걸 참지 못할 정도로 지성의 수준이 낮은 거지. 보내자.'

말은 자신의 수준을 가장 선명하게 보여준다. 그 수준을 섬세하게 살피면, 그들의 입에서 나온 비난과 비판의 말에 굳이 신경을 쓸 필요가 없다는 사실을 알게 된다. 일상에서 타인의 말에 자꾸 휘둘리고, 감정이 상한다는 것은, 그걸 판단할 능력이 없다는 사실을 의미한다. 다음에 소개하는 글을 자주 낭독하고, 필사해 보

라. 그게 무엇인지 깨닫는 순간이 기적처럼 찾아올 것이다.

"지금 내 입에서 나온 말은

그간 쌓은 내 지성의 결과이고,

지금 내가 쓴 글은

그간 쌓은 내 안목의 결과다."

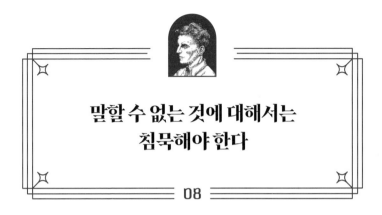

말할 수 없는 것에 대해서는
침묵해야 한다

08

나는 글에 쉼표를 많이 써서,
독자의 읽는 속도를 최대한 느리게 만든다.
나 자신이 그렇게 글을 읽는 것처럼,
내가 쓴 글이 천천히 읽히기를 희망해서다.

Ludwig Josef Johann Wittgenstein

미국의 철학자이자 교수인 시드니 훅은 영국의 철학자 버트런 드 러셀을 가리켜 500년 만에 한 번 나올까 말까 하는 천재라 평하였다. 그런 대단한 존재인 러셀이 자신이 아는 천재 중에서도 가장 본질에 가까운 천재라고 평한 사람이 있었으니, 바로 비트겐슈타인이다. 그의 제자 와스피 히잡도 "흔히 모든 철학은 플라톤에 대한 주석에 지나지 않는다고 말한다. 하지만 이 말에는 '비트 겐슈타인 전까지'라는 단서를 덧붙여야 한다."라며, 스승 비트겐슈타인을 추켜세웠다.

비트겐슈타인이 그런 위대한 평가를 받았던 이유의 중심에는 "말할 수 없는 것에 대해서는 침묵해야 한다."라는 그가 평생 주장한 문장이 있다. 여기서 침묵이란 무엇을 의미하는 걸까? 아예 조용히 지내야 한다는 말일까? 그렇지 않다. 오히려 적극적으로 독서를 하라는 말이다. 대신, 그가 조언한 것처럼 아주 천천히 읽어야 한다. '치열하게 천천히' 읽어야, 침묵했던 사실에 대해서 스스로 깨우칠 수 있다.

나도 역시 이번 책에는 그가 그랬던 것처럼, 유독 쉼표를 많이 사용했다. 아주 느리게, 그러나 깊게 읽어주기를 바랐기 때문이다. 그러니 100권의 책을 한 번씩 읽는 것보다 한 권의 책을 100번 반복해서 천천히 읽어 보라. 한 번 읽었을 때 몰랐던 것을 10번 읽었을 때, 10번 읽었을 때 몰랐던 것을 100번 읽을 때 알 수 있게 된다. 그렇게 우리는 그 책을 바라보며, "나 이 책 알아."라고 자신 있게 말할 수 있게 된다. 그 책에 관해서 이야기를 나눌 때, 침묵하지 않아도 될 자격을 얻게 되는 셈이다.

"치열하게 천천히,

자주 멈추고,

깊이 사색하며 읽어라."

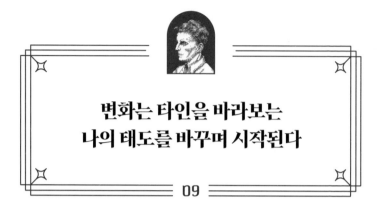

변화는 타인을 바라보는
나의 태도를 바꾸며 시작된다

09

한 시대는 다른 시대를 오해한다.
그러나 어리석은 시대는
자기만의 추잡한 방식으로
다른 모든 시대를 오해한다.

Ludwig Josef Johann Wittgenstein

하루는 21km 마라톤을 한 발로 완주한 사람의 영상을 봤다. 영상 제목은 이랬다. 〈한 발 없이 완주 성공〉. 다들 자기 생각을 이렇게 댓글로 남겼다. "완전 인간 승리다.", "나는 두 다리로 달려도 힘든데.", "와, 얼마나 힘들었을까." 맞는 말이다. 하지만 나는 이런 생각이 들었다. '영상의 주인공을 조금 더 배려한다면, 제목을 이

렇게 붙이는 게 더 좋았을 텐데. 〈한 발 없이 완주 성공〉이 아닌 〈한 발로 완주 성공〉이라고.'

느낌이 어떤가? 없는 것이 아닌 있는 것에 집중하면, 모든 게 달라지며, 빛난다. 누구나 변화를 꿈꾸지만, 상대를 향한 진실한 공감을 할 수 없다면, 변화는 쉽지 않을 것이다. 세상을 바라보는 시선을 바꿔야 나도 바꿀 수 있어서다.

꽉 막힌 도로에서 얌체처럼 차선 끝에서 끼어들기를 하는 경우가 많다. 물론 정말 몰라서 그런 경우도 있지만, 단지 기다리고 싶지 않아서 그런 행동을 습관처럼 반복하는 사람도 있다. 하지만 나는 그런 내밀한 사연까지는 모르겠고, 얌체처럼 끼어든 이후 그나마 양보해 준(?) 차에게 미안한 마음을 전하기 위해 비상등을 켤 때, 마음이 따뜻해진다. 가끔 뒤에서 그런 풍경을 보며, 나와 전혀 상관도 없는 일이지만, 괜히 기분이 좋아져서 차분한 눈빛으로 그들을 바라보게 된다. 양보한 차에 탄 운전자와 비상등을 켠 운전자의 서로를 향한 마음이 느껴져서다.

하루는 신간을 낸 기념으로, 책이 필요하지만, 돈이 부족해서 읽지 못하는 이들의 신청을 받아 무료로 책을 보낸 적이 있다. 세상에는 정말로 돈이 없어서 독서를 제대로 하지 못하는 이들도 있으니까. 그런데 놀랍게도 신청한 그들의 주소에 부자들이 사는 지역의 아파트가 많았다. 고가의 아파트도 꽤 있었다. 순간 이런 생각이 들었다. '뭐지? 이 사람이 나보다 부자인 것 같은데, 굳이 내가 책을 사서 등기 비용까지 투자해 책을 보내야 하나?' 하지만 이내 나는 그런 생각에서 벗어났다. 이유는 간단하다. 이런 생각에 갇혀 있으면, 무엇도 변할 수 없기 때문이다. '저 사람이 나보다 돈도 많은데.', '저 사람이 나보다 배운 것도 많은데.', '저 사람은 나보다 인맥까지 훨씬 대단하잖아!'

자동차가 끼어드는 장면을 보면서도 따스한 마음을 느낄 수 있고, 나보다 부자에게 책에 사인을 해서 전달하면서도 기쁨을 즐길 수 있다. 중요한 건 타인 그 자체가 아니라, 그를 바라보는 나의 시선과 태도다.

"나는 다른 시대와 다른 사람,

그 무엇도 오해하지 않는다.

나는 어떤 상황에서든

내가 보고 싶은 것을 볼 수 있다.

사랑에서 나온 것만 눈에 담고,

이해의 시선으로 세상을 바라본다."

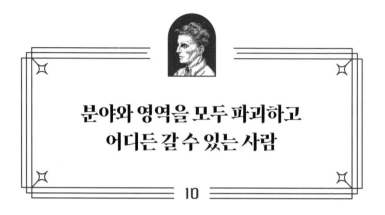

분야와 영역을 모두 파괴하고
어디든 갈 수 있는 사람

10

우리에게 가장 중요한 '측면'은
그 단순성과 익숙함 때문에
눈에 잘 띄지 않는다.

Ludwig Josef Johann Wittgenstein

"어떤 측면에서 보면", "그런 측면이 있네.", "다른 측면에서 보면" 등과 같은 말에서 무엇이 느껴지는가? 그는 생전에 유독 '측면'이라는 표현을 자주 사용했다. 이유가 뭘까? 측면이란, 사물이나 현상의 한 부분 또는 한쪽의 어떤 면을 표현한 매우 섬세한 말이라서 그렇다. '측면을 발견해서 섬세하게 보는 힘'을 당신이 갖게 된다면, 그 인생이 얼마나 농밀해질까.

자, 본격적으로 이야기를 시작해 보자. 세상에 존재하는 직업은 많지만, 그 수준에 따라서 초보, 전문가, 예술가로 구분해서 나눌 수 있다. 만약 마케팅 분야에서 일하는 어떤 사람이 자신이 휴일에 읽을 책을 구매해 SNS에 공개했는데, '마케팅'이라는 단어가 들어간 책만 골랐다면, 그는 아직 초보 마케터일 가능성이 높다. 이유는 매우 간단하지만, 분명하다. 그는 마케팅에서만 마케팅을 볼 수 있는 사람이기 때문이다. 다시 말해, 그는 익숙한 곳에 매몰된 상태라서 측면의 존재를 모른다.

그러나 전문가의 선택은 조금 다르다. 그는 마케팅 서적에 자주 나오는 중요 키워드인 심리, 대화, 고객, 서비스, 기획 등이 제목에 나온 책을 골라서 조금은 시야가 넓은 독서를 한다. 보는 측면이 넓어진 만큼, 나오는 결과도 좀 더 풍성해진다.

그럼 예술가는 어떤 책을 고를까? 정답은 '아무도 알 수 없음'이다. 그는 분야를 파괴하고, 그 중심에 서서, 세상 만물에서 마케팅을 발견하는 사람이니까. 어떤 기준도 없어서 새로운 기준을 창조한다. 과학이나 전쟁의 기술에서 마케팅을 발견하고, 발레와 수학 공식에서도 마케팅의 영감을 추출해낸다. 모든 측면이 그에게는 창조의 재료다. 그래서 어떤 영역이든 예술가 수준으로 일하는 사람들은 서로 쉽게 통한다. 그들에게는 영역이 따로 존재하지 않으므로.

"세상을 바라보는 안목과 수준을 높이고 싶다면,

선택하는 책의 키워드를 바꿀 필요가 있다.

키워드가 바뀌면, 지식이 활동하는 무대도 바뀌고,

의식 수준과 지적 에너지가 놀랄 만큼 향상된다.

언제나 익숙한 곳에서 매일 벗어나라.

세상의 모든 측면을 사랑하라."

행복하게 일하면서
기쁘게 세금을 내는 법

인간이 나이 든다는 건,
자신의 언어를 정밀하게
세련화하는 과정이다.

Ludwig Josef Johann Wittgenstein

'아, 세금이 또 올랐네!', '빚을 내서 세금을 내야 하다니!', '이 돈이면 눈여겨봐 둔 옷도 살 수 있을 텐데!' 각종 세금이나 건강보험료 등을 낼 때, 마음속에서 조금 아깝다는 생각이 들 때가 있다. 하지만 내게는 그런 마음이 들지 않고, 오히려 행복하게 일하면서 기쁘게 돈을 내고 있다. 특별한 방법이 하나 있어서 가능한 일이다.

오래전 나는 이런 목표를 하나 정했다. "아프지만 형편이 넉넉하지 못해 제대로 치료를 받지 못하는 분들을 위해, 더 열심히 일해서 '이 정도'는 건강보험료로 낼 수 있는 나로 성장하자."

결코 쉽지 않았다. 오랜 시간이 걸렸지만, 마침내 목표로 정한 금액을 건강보험료로 낼 수 있는 내가 되었고, 그 금액이 자동이체가 되었다는 문자가 올 때마다 나는 아깝다는 생각보다는 행복하고, 기쁘다는 감정이 더 많이 든다. 만약 세금을 내는 걸 아깝게만 생각했다면, 나는 더 나은 내가 되려는 노력을 끝까지 못했을 수도 있다. 이렇게 뭐든 처음에 방향을 제대로 설정하면, 같은 상황에서도 누군가 어둠을 택할 때, 나는 빛을 선택할 수 있다.

삶이 갈수록 어려워지는 이유는, 언어를 정밀하게 세련화하지 않았기 때문이다. 그러므로 다듬고, 또 깎아서, 내가 정말 원하는 언어의 모습을 만들어야 한다. 특히, 나가는 세금의 액수가 많아지고, 삶이 복잡해지는 나이 마흔 이후에는 이런 생각의 태도가 매우 중요하다.

"나가는 돈에 기쁜 마음을 담아

도움이 필요한 곳에 보낼 수 있을 때,

비로소 우리는 자신이 보내는 하루에

행복을 담아 일에 더 열중할 수 있다.

지금 삶이 힘들다면,

나의 언어를 더욱 정밀하게

세련화할 필요가 있다."

40대 후반부터
멋지게 성장하게 만드는 말투

12

영웅이 되지 못하는 건,
나약함 때문이다.
그러나 영웅을 흉내 내는 건,
훨씬 더 나약한 것이다.

Ludwig Josef Johann Wittgenstein

40대 이전에는 실감하기 쉽지 않지만, 40대 후반부터 우리의 인생은 급격하게 변한다. 중요한 건, 그렇게 벌어진 수준의 차이를 이후에는 만회하기가 참 어렵다는 사실이다.

이게 중요한 이유는, 40대가 지나서 여전히 나약한 내면에, 스스로 가진 게 별로 없다고 판단하게 되면, 비트겐슈타인의 말처럼 영웅을 흉내 내는 삶을 살게 될 가능성이 높아지기 때문이다. 각종 허세와 과장, 없지만 있는 척을 하면서, 모든 것을 다 가진 사람처럼 연기를 하게 된다. 너무나 불행한 일이 아닐 수 없다.

더 늦기 전에 스스로를 바꿔야 한다. 최소한 40대 이전에 이런 말투를 최대한 습관처럼 사용하는 게 나중의 행복과 성장을 위해 좋다.

1. 방법은 찾으면 되는 거지.
2. 이건 나라서 가능하지.
3. 노력하면 뭐든 다 할 수 있어.
4. 환경보다 하려는 의지가 중요해.
5. 괜찮아, 점점 나아지고 있어.
6. 행복은 내가 만나러 가는 거야.
7. 나 정도면 충분하지.

자기 삶의 영웅이란, 그렇게 대단한 걸 말하는 게 아니다. 아침에 일어나 자신의 가능성을 믿고, 지금 시작해야 할 일을 지금 시작하고, 그 과정에 모든 것을 쏟아낼 수 있다면, 누구든 자기 삶의 영웅으로 살 수 있다. 위에 소개한 7개의 말투를 나의 것으로 만든다면, 그런 영웅의 삶이 조금 더 빨리 찾아올 것이다.

"세상에서 가장 나쁜 언어는

가능성을 삭제한 말이다.

훌륭한 반대는 성장을 돕지만,

반대를 위한 반대는,

비록 그것이 합당한 것이라도

결국 사람을 지치게 만든다.

늘 가능하다는 생각에서 시작하라."

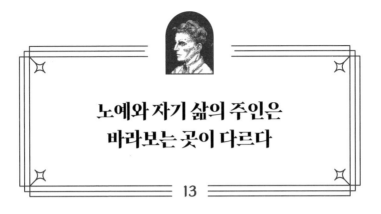

노예와 자기 삶의 주인은
바라보는 곳이 다르다

13

더는 견딜 수 없게 되었을 때,
우리는 상황의 변화를 기대한다.
그러나 이 세상 그 누구도
가장 중요하고, 가장 효과적인 변화인
자기 자신의 태도를 바꿔야 한다는
인식은 쉽게 가지지 못한다.

Ludwig Josef Johann Wittgenstein

당신은 평균이나 상식 이상의 가격을 받는 상품 또는 서비스를 보면, 어떤 생각을 하나? 하루는 30만 원이 넘는 케이크가 모두 다 팔렸다는 뉴스 기사에 이런 식의 댓글이 달렸다. "있는 사람들이 사면 상관 안 함.", "누가 살까? 쥐뿔도 없는데 SNS에서 척하고 싶은 애들이 허세 부리느라 사겠지." 이들의 댓글이 무엇을 말하고 있는지는 알지만, 나는 이런 질문을 던질 수밖에 없었다. "그럼 없는 사람들이 사면 상관할 것인가?", "자기 돈으로 척하는 것이 잘못인가?", "사실 인생의 대부분은 허세 아닌가?"

세상 곳곳에서 이런 일이 일어나고 있다. 없는 사람들이 서로를 더 비난하며, 못살게 만든다. 정작 그들은 서로를 위로하고, 없는 온기까지 전하며 살아야 하는데 말이다. 하지만 서로 자신이 발목에 맨 쇠사슬이 최신형이라고 자랑하는 형국이다.

자기 삶의 주인은 꼭 뭔가 있는 사람을 말하는 게 아니다. 세상이 평가하는 부의 기준에 맞지 않아도, 누구든 충분히 자기 삶의 주인으로 살 수 있다. 방법은 간단하다. 이 사실을 기억하면 된다. "노예는 서로의 쇠사슬을 보며 비난하고, 자기 삶의 주인은 이렇게 서로의 빛을 보며 경탄한다."

"넌 이런 점도 참 좋다."

"네 장점을 나도 배우고 싶다."

"너라면 분명히 멋지게 성공할 거야."

어떤 세상에서도 늘 그랬다. 세상은 쉽게 바뀌지 않는다. 그러나 세상을 바꾸고 싶다고 외치는 나 자신은 쉽게 바꿀 수 있다.

"가장 중요하고, 효과적인 변화는

언제나 나로부터 시작한다.

내가 나를 바꿀 수 있다면,

내가 사는 세상도 결국 바뀐다.

늘 더 좋은 부분만 바라보라.

더 큰 사람으로 살라."

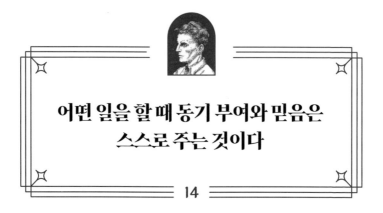

어떤 일을 할 때 동기 부여와 믿음은
스스로 주는 것이다

14

철학자란, 건강한 인식을 얻기 위해서
자기 안에 박혀있는 다양한 사고의
오류를 고쳐야 하는 사람이다.

Ludwig Josef Johann Wittgenstein

"그도 해냈고, 저 사람도 해냈는데, 당신이라고 왜 못하겠어
요?" 두려움에 떨고 있는 사람에게 용기를 줄 때 주로 하는 말이
다. 하지만 나는 생각이 많이 다르다. 그런 말을 들을 때, 오히려 이
렇게 생각한다. '그도 해냈고, 저 사람도 해낸 것을, 굳이 나까지 할
필요가 있나요? 저는 다른 걸 해내겠습니다.'

스스로 자신감을 가지고 있는 사람이 관계에 있어서 좀 더 편한 이유는, 굳이 동기를 부여하고, 힘을 주기 위해, 없는 말을 생각해서 전할 필요가 없어서다. 그들은 스스로 알아서 동기를 부여하고, 스스로 알아서 믿음을 주며, 뭐든 자기답게 해낸다.

필사할
문장

"동기 부여와 응원을 바라기보다는,

스스로에게 믿음을 갖는 게 우선이다.

뭐든 스스로를 믿어야 시작이 가능하고,

그 시작에 빛과 희망이 찾아올 수 있다."

경탄의 크기가
곧 성장의 크기다

15

오늘날 우리의 교육은
사색하고, 인내하는 능력을
최대한 억누르는 방향으로 흐르고 있다.

Ludwig Josef Johann Wittgenstein

나는 나이를 따지거나 직급 등 사람을 구분하기 쉽게 만든 모든 것을 다 버리고, '선생님'이라는 호칭을 자주 사용한다. 이유는 명확하다. '그에게 뭔가 배울 수 있다.'고 생각해서다. 실제로 나보다 아주 많이 젊은 대학생에게도 선생님이라는 호칭을 사용하기도 한다. 그럼 내게 깨달음을 주는 대상이 더 늘어나니, 어디에 가든 난 최고의 학교를 즐길 수 있다.

물론 호칭만 이렇게 부른다고 해서 누구나 배울 수 있는 건 아니다. '경탄의 언어'가 필요하다. 아래 소개하는 경탄의 언어를 사용하면, 그냥 놀라고, 지나가는 모든 순간을 깨달음의 기회로 활용할 수 있어서 성장의 크기를 확장할 수 있다.

1. 이걸 내 삶에서도 가능하게 하려면 어떻게 해야 할까?
2. 아, 이거 진짜 궁금하다. 정말 궁금하다. 알고 싶다. 진짜 뭐지?
3. 뭔가 있는데? 이거 제대로 알 때까지 이 자리를 떠나지 말자.
4. 제대로 안다면, 모르는 사람에게 설명까지 할 수 있어야지.
5. 아니야, 요약도 가능해야지. 한 줄로 요약하지 못하면, 모르는 거야.

일상의 깨달음을 즐기려면, 이처럼 경탄의 언어를 사용해야 한다. 그럼 순간 눈에 보이는 것들이 달라진다. 세상은 경탄하려는 의지에 따라서 전혀 다른 것을 보여주니까.

"나는 세상을 다르게 볼 수 있으며,

경탄의 언어는 나를 그런 세상으로 이끈다.

아는 것을 쉽게 설명할 수 있고,

단 한 줄로 압축할 수 있을 때까지

나는 그 자리를 떠나지 않을 것이다.

어떤 유혹에도 움직이지 않을 만큼

그 공간은 위대하니까."

김종원의 세계철학전집

✕

비트겐슈타인 for 언어

지적인 생각

: 언어는 우리의 생각을 담는 그릇이다

Ludwig Josef Johann Wittgenstein

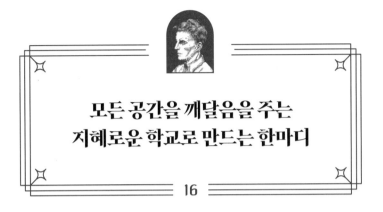

모든 공간을 깨달음을 주는
지혜로운 학교로 만드는 한마디

16

말에는 사전에 실리지 않은
수많은 의미가 있다.

Ludwig Josef Johann Wittgenstein

삶의 다양한 장소에서 누군가와 무엇을 한 이후, 보통은 이런 이야기로 인사를 나누게 된다. "오늘 정말 고생하셨습니다.", "모두 애쓰셨습니다.", "고생 많았어요. 다들 돌아가서 푹 쉬세요." 물론 상대방을 배려하며, 동시에 좋은 마음을 전하려는 의도에서 나온 말이지만, 이렇게 말하는 순간 그 공간은 이렇게 정의된다. '내가 고생한 공간', '내가 애쓴 공간', '푹 쉴 정도로 힘들게 만든 공간'. 좋은 마음으로 서로에게 들려준 말이지만, 이렇게 마음과는 달리 서로에게 좋지 않은 감정과 기분을 전하게 되는 셈이다.

그래서 나는 어느 순간부터 이렇게 전혀 다르게 표현하고 있다. "애쓰셨습니다.", "고생하셨습니다."라는 말 대신에 "오늘 덕분에 많이 배웠습니다."라고 말하는 것이다. 그럼 순식간에 그 공간이 '애쓴 공간'에서 '깨달음의 공간'으로 바뀐다. 얼마든지 이런 말로 변주할 수도 있다. "오늘 정말 즐거운 시간이었습니다.", "멋진 공간에 초대해 주셔서 감사합니다.", "다음 만남도 기대합니다."

이렇게 다양한 장소에 맞게 변주해서 내가 그에게 갖고 있는 좋은 마음을 얼마든지 다정하게 전할 수 있다. 물론 "수고하셨습니다."라는 말이 필요할 때도 있다. 하지만 필요하더라도 이렇게 다른 말로 자신의 마음을 전할 수 있다면, 그 공간을 순식간에 다른 곳으로 바꿀 수 있다.

깨달음과 배움을 추구하는 인생을 살고 있다면, 더욱더 "오늘 덕분에 많이 배웠습니다."라고 말하는 게 좋다. 기업가, 예술가, 자영업자 등 수많은 직종에서 멈추지 않고, 성장하는 사람들을 만나 가장 놀란 부분이 바로 이 점이기도 하다. 그들은 늘 배움의 자세로 상대를 만났고, 서로에게 들려주는 언어 역시 배움의 언어로 가득 채웠다. 세상과 사람에게 원하는 게 있다면, 그 원하는 것에 맞는 언어를 들려줘야 한다.

"우리는 세상과 사람에게 주는 것만

다시 돌려받을 수 있다.

'애쓴 공간'이 아니라, '배운 공간'이라고 말하면,

그 공간은 깨달음이 마르지 않는 학교가 된다.

'덕분에 많이 배웠습니다.'라는 깨달음의 언어를

습관처럼 인사로 나누면, 모든 것이 바뀐다."

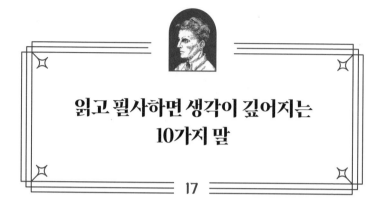

읽고 필사하면 생각이 깊어지는
10가지 말

17

자기 삶의 철학자란,
건강한 인식을 얻기 위해서
자기 안에 박혀 있는
다양한 사고의 오류를 고치는 사람이다.

Ludwig Josef Johann Wittgenstein

누구나 자기 삶의 철학자가 되어야 한다. 그래야 언어를 제어
하여, 자유자재로 자신의 마음과 감정을 생생하게 표현할 수 있어
서다. 그러기 위해서는 건강한 인식이 필요하고, 그걸 통해서 자기
안에 박혀 있는 수많은 사고의 오류를 바로잡아, 최적화할 수 있
다. 아래 소개한 10가지 조언을 통해서 그 삶을 시작해 보라. 읽고,

필사하면서, 당신은 자신의 삶을 다시 생각하게 될 것이며, 그간 몰라서 고치지 못한 사고의 오류를 하나하나 수정하고, 고치며, 건강한 인식을 갖게 될 것이다.

1. 두 번 생각한 말은 한 번 생각한 것보다 농밀하다.

2. 자신의 감정을 정확하게 표현할 줄 알아야 한다.

3. 생각은 천천히 깊어지며, 결코 사라지지 않는다.

4. 나의 인내력이 내 지성의 수준을 증명한다.

5. 못된 말은 못된 마음에서만 나온다.

6. 좋은 생각은 마음의 병도 치유할 수 있다.

7. 늘 온화한 표정을 유지하면, 마음도 차분해진다.

8. 누구보다 자신의 안부를 자주 묻는 사람이 돼라.

9. 모든 일은 나로부터 시작하고, 내가 끝낸다.

10. 아닌 일에는 분명한 선을 그을 수 있어야 한다.

애플의 CEO를 만나지 않아도
애플의 내일을 짐작할 수 있다

18

우리는 남에게 자신의
속마음을 감추고 싶어 한다.
인간의 마음이란 결코 아름답게만
간직되는 것은 아니기 때문이다.

Ludwig Josef Johann Wittgenstein

요즘 온라인 기사에 달린 댓글을 보면, 표현과 생각이 다들 전
투적이라서 불편한 마음이 읽는 내내 머물 정도로 아프다. 또 막
무가내로 자기 편이 옳다고 주장하며, 상대를 공격하다가, 상황이
조금 바뀌었다고 갑자기 다른 자세를 취할 때면, '과연 사람 생각
이 이렇게 쉽게 바뀔 수 있는 걸까?' 하는 의문이 든다.

'소신이 강한 것'과 '막무가내로 떼쓰는 것'은 매우 다른 문제다. 소신이 강한 사람은 오히려 일과 상황에 따라 자기 생각을 유연하게 조절하며, 현명하게 대응한다. 그들의 특징은 일상적인 생활에서는 눈에 잘 보이지 않는다. 하지만 깊이 관찰하면, 24시간을 모두 자기 생각의 가치를 높이기 위해 사용한다는 사실을 알게 된다. 이를테면, 그들은 파괴된 건물의 사소한 파편 하나를 보고, 건물의 초기 모습을 짐작한다. 쉬운 예를 들자면, 그들은 한 식당의 체인점에서 손님을 응대하는 직원의 태도만 보고도 그 식당이 번창할지, 그 기업에 장기적으로 투자해도 될지, 앞으로 3개월 동안 다른 경쟁사와의 점유율에서 어떤 차이를 보일지 예측한다. 작은 기업이든 다국적 기업이든 모두 마찬가지다. 애플의 CEO를 만나 대담을 나눠야만 애플의 미래를 예측할 수 있는 건 아니다. 애플의 납품하는 업체와 직원, 동네 대리점에만 가도 충분히 애플이 번창할지, 내리막을 걸어갈지 예측할 수 있다. 중요한 것은 그 예측이 얼마나 정확한가의 문제가 아니라, 그들이 24시간 내내 그렇게 자신의 감각을 훈련하며 살고 있다는 사실이다. 그러나 막무가내로 하나의 생각만 고수하며 살아가는 사람에게는 이 모든 것이 존재하지 않는 허상일 뿐이다. 세상은 그에게 모든 비밀을 공개했지만, 그의 눈에는 아무것도 보이지 않는다.

비트겐슈타인은 언제나 속마음이 겉으로 보여지는 것과 다르

다는 사실을 강조했다. 그건 사람을 미워하라는 뜻이 아니라, 다를
수 있으니 좀 더 깊이 들어가서 심연을 들여다보라는 말이다.

"그게 누구든 자신의 눈과 귀,

마음을 열어야 세상을 느낄 수 있다.

그게 아니면, 100년을 살아도

하루를 100년 반복한 것에 불과하다.

자신의 인생을 모두 스스로 살아내라."

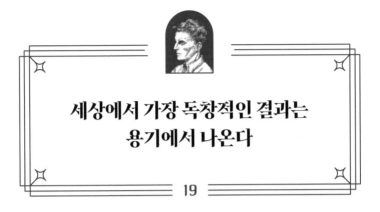

세상에서 가장 독창적인 결과는 용기에서 나온다

19

용기는 언제나
가장 독창적이다.

Ludwig Josef Johann Wittgenstein

'용기'라는 말을 설명한 '가장 독창적인 표현'이라고 생각한다. 읽고, 또 읽어도 참 아름다운 말이다. 우리는 보통 학자나 과학자로부터 가르침을 받고, 시인이나 음악가로부터는 즐거움을 얻는다고 생각한다. 마치 사전에 적혀 있는 것처럼 대부분 그렇게 생각한다. 하지만 세상이 만든 사전의 의미를 거부하며, 이렇게 질문할 수 있다면, 어떤 답을 얻을 수 있을까? "우리가 만약 시인과 음악가로부터 가르침을 받을 수 있게 된다면, 인생이 어떻게 바뀔까?"

그래서 비트겐슈타인이 제시한 '용기'는 결국 '공부'다. 용기즉, 배우는 방식은 언제나 독창적이라는 것이며, 두렵지만 그럼에도 용기를 낸 사람만이 이렇게 다른 방식의 질문을 통해 깨달음도 얻을 수 있다는 말이다.

깨달음은 그냥 오는 게 아니다. 자기만의 시각으로 세상을 바라본 후, 가장 독창적인 과정을 통해 쟁취해야 한다. 공부는 가장 독창적인 지성이니, 오늘부터라도 깊은 생각을 통해 자신만의 방법을 찾아서 연구하고, 다듬어보라.

필사할 문장

"내가 아무리 가치 있는 생각을 해도,
거기에는 소득세나 부가가치세,
훗날 증여세나 상속세도 붙지 않는다.
사색만이 나의 사라지지 않는 자본이다."

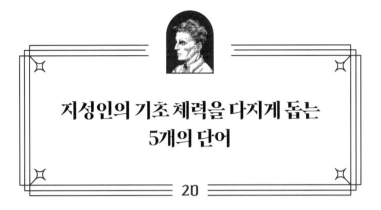

지성인의 기초 체력을 다지게 돕는
5개의 단어

20

그저 너 자신을 향상시켜라.
그것이 네가 세계를 향상시키기 위해
할 수 있는 유일한 일이다.

Ludwig Josef Johann Wittgenstein

세상을 바꾸거나 향상시키고 싶다면, 결국 나 자신을 바꾸고,
향상시켜야 한다. 과거에도 마찬가지였다. 중요한 건 나 자신의 향
상이다. 아래 지성인의 기초 체력을 다지게 돕는 5개의 단어를 소
개하니, 낭독과 필사로 내면에 씨앗처럼 심어보라.

1. 오늘

인간에게 주어진 가장 큰 은혜이자, 자기 삶을 극적으로 성장시킬 선물은 '오늘 해야 할 일을 오늘 할 수 있다.'는 것인데, 우리는 일어나자마자 그 귀한 은혜를 바로 잊고, 자꾸 미룬다. 우리에게 주어진 가장 위대한 무기는 바로 일상이라는 자산임을 기억하자.

2. 생각

보통의 경주에서 가장 중요한 건 빠른 속도로 가장 먼저 결승점에 도착하는 것이지만, '생각이라는 경주'에서는 완전히 반대로 가야 한다. 가장 천천히 뛸 수 있는 용기, 때로는 멈출 수 있는 여유가 필요하다. 말하자면, 결승점에 가장 마지막으로 도착할 수 있어야 한다.

3. 믿음

세상에서 가장 어려운 일은 어떤 일이 있어도 자신을 믿는 일이고, 반대로 가장 쉬운 일은 자신을 속이는 것이다. 매일 약속하고, 매일 속이는 삶을 살게 되는 이유는, 그게 가장 쉬운 일이기 때문이다. 좀 더 강하고, 위대한 정신의 소유자가 되고 싶다면, 자신을 굳게 믿자. 자신을 믿는 순간, 기적은 시작된다.

4. 진실

인간이 진실이 아닌 거짓을 말하며 사는 이유는, 그가 나쁜 사람이라서
가 아니라, 충분히 영리하지 못하기 때문이다. 진실을 말하려면, 진실이
무엇인지 알아야 하며, 그 진실 안에서 살고 있어야 한다. 하지만 그건
어리석은 자들에게는 불가능에 가까운 일이다.

5. 초심

초심은 매우 고귀한 것이라서 누구나 가질 수 있는 게 아니다. '성공이라
는 책상' 위에 다리를 올리고 안주하는 건, 에베레스트산 정상 바로 밑에
서 움직이지 않고, 쉬는 것과 같다. 꾸벅꾸벅 졸면, 잠에서 깨어나지 못
하고, 그냥 그 자리에서 얼어서 죽게 된다. 초심을 잊지 말라.

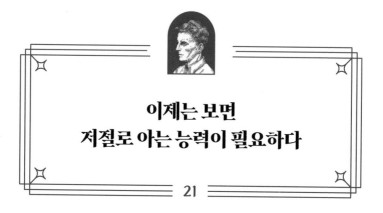

이제는 보면
저절로 아는 능력이 필요하다

21

생각하지 마라.

단지 보라.

Ludwig Josef Johann Wittgenstein

디테일이 중요하다는 건 누구나 알고 있는 사실이다. 하지만 그 사실을 알고 있다고 해서 모두가 디테일을 섬세하게 관리하는 건 아니다. 의지가 없어서가 아니라, 할 수 있는 능력이 없기 때문이다. 다음 2가지 능력이 없다면, 디테일 관리가 불가능하다.

1. 디테일을 관리하려면, 우선 디테일을 볼 수 있어야 한다. 하지만 보는 건 소수에게만 허락된 귀한 일이다. 디테일은 설명할 능력이 있는 사람에게만 자신을 허락하기 때문이다.
2. 봤다면 이제 말과 글로 선명하게 표현할 수 있어야 한다. 거대한 물체에서 아주 미세한 부분의 변화를 감지했다면, 미세한 변화에 맞는 섬세한 언어로 자신이 본 것을 표현해야 하는데, 이것 역시 매우 어려운 과정이다.

결국 디테일이 중요하다는 사실을 알지만, 그걸 삶에서 실천하지 못하는 이유는, 설명할 능력과 표현할 능력이 없기 때문이다. 자신의 언어를 섬세하게 제어하고, 관리할 수 있는 사람만이 디테일을 일상에서 실천하며 살 수 있다.

당신의 주변 세상은 당신이 볼 수 있는 것들의 합이다. 세상은 사실의 합이지 사물의 합이 아니다. 당신은 발견할 수 있는 사실을 통해서만 세상을 규정할 수 있으며, 나는 그걸 '인지 공간'이라고 부른다.

우리 모두의 인지 공간은 각각 다르며, 그 공간을 포함하여 더 큰 공간에 사는 사람은 당신의 공간을 사실로 다시 분해할 수 있다. 이것이 바로 이해의 과정이다. 그래서 이해는 더 많이 볼 수 있는 사람만이 해낼 수 있는 지능의 일이다.

스치고 지나가는 수많은 것 중에서 무언가를 붙잡아둘 수 있다면, 세상에 존재하는 수많은 물체를 좀 더 많이 발견할 수 있다면, 내가 이해할 수 있는 것도 더 많아진다.

"당신이 아는 것만이 사실이며,

사실의 합이 당신이 살아갈 세계다.

우리는 아는 것 이상의 세계는

볼 수도 이해할 수도 없다.

그래서 높은 지성을 소유한 자는

늘 자신에게만 질문한다."

당신의 눈이 겪게 해야
얻을 수 있다

22

어떤 상황에서 어떻게 행동하고,
어떤 것을 선호해서 손에 넣고,
자주 먹는 것은 무엇이고,
어떤 것을 집중해서 응시하고,
또 무엇에 마음을 빼앗기는지,
그 사람의 모든 행동이
결국 그 자신을 표현한다.

Ludwig Josef Johann Wittgenstein

하수는 아는 척을 하지만, 고수는 스스로 여전히 모른다고 생각한다. 여기에서 중요한 건, 하수는 아무리 많은 예술적인 현장에서 살아도, 스스로 아는 척을 해야 하기 때문에 주변에 전혀 신경을 쓰지 못해서, 100개를 봐도 이미 알고 있던 하나만 갖고 살게 된다는 사실이다. 하지만 고수는 늘 배움의 장소로 이동할 때, 이미 알고 있던 지식은 창고에 넣고, 빈 상태로 출발한다. 새로운 지식을 아무런 방해 없이 넣기 위해서 자신을 끝없이 비우는 과정을 반복한다. 왜 그래야 하고, 그 결과는 얼마나 차이가 나는 걸까?

핵심은 본다는 것에 있다. 안다고 생각하는 사람은 눈은 있지만, 앞을 볼 수가 없다. 하지만 모른다고 생각하는 사람은 가장 치열하게 보게 된다. 낯선 공간에서 이동하기 위해서는 정신을 집중하며, 하나하나 관찰해야 하므로, 모든 지성이 최고로 활동하게 된다. 그래서 안다고 생각하는 사람은 평생 그것 하나만 갖고 살게 되지만, 모른다고 생각하는 사람은 평생 깨닫고, 성장하며 살게 된다.

하나 주의할 점이 있다. 비트겐슈타인이 조언한 것처럼 무언가에 대해서 혹은 어떤 사람에 대해서 확실하게 알고 싶다면, 이런 태도로 그를 바라보며 연구해야 한다. 어떤 상황에서 어떻게 행동하고, 어떤 것을 선호해서 손에 넣고, 자주 먹는 것은 무엇이고, 어떤 것을 집중해서 응시하고, 또 무엇에 마음을 빼앗기는지, 오랫동안 바라보며, 스스로 깨달아야 한다. 그래야 타인이 주입한 지식에 의지하지 않고, 주체적으로 살 수 있다. 주입한 지식은 우리를 경쟁의 늪에 빠지게 만들지만, 눈으로 보고, 스스로 깨달은 지식은 우리를 자기만의 선에 설 수 있게 해준다. 나만 아는 지식은 나만 설명할 수 있어서다.

"세상을 보는 힘에

곧 나의 생존이 달려 있다.

언제나 모른다고 생각하며 살자.

그럼 평생 나만의 레이스를

멋지게 즐길 수 있다."

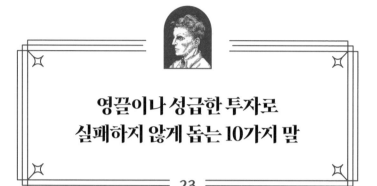

영끌이나 성급한 투자로
실패하지 않게 돕는 10가지 말

23

어떤 돌이 전혀 움직이지 않고,
도저히 손을 쓸 방법이 없다면,
먼저 주변의 돌부터 치워라.

Ludwig Josef Johann Wittgenstein

비트겐슈타인은 어떤 경우에도 당황하지 말고, 문제를 해결할 가장 본질적인 과정을 거치라고 조언한다. 언제나 기본과 본질에 접근한 삶을 살면, 성급해지지 않을 수 있어서 실패 가능성을 대폭 낮출 수 있다.

투자의 영역 역시 마찬가지다. 세상은 자꾸만 "지금이 아니면

늦어!", "너만 빼고 다 이걸 하고 있어!", "언제까지 그렇게 살래?"
라고 속삭이며, 조금 남아 있는 통장의 잔고까지 모두 가져가려고
한다. 그런 유혹에 빠지지 않으려면, 본질에 입각한 다음 10가지
말을 자주 낭독하고, 필사해야 한다.

1. 세상에 늦은 때란 없다.

반드시 내게도 기회가 온다.

2. 몰라서 놓친 게 아니라,

알아서 일부러 놓아준 것이다.

3. 기회는 기다리는 자에게 안긴다.

조금만 더 기다리면 된다.

4. 타의로 이루어진 추락이 아닌 착륙을 해야

다시 자력으로 이륙이 가능하다.

5. 서두르면, 결국 판단이 흐려지고,
선택을 남에게 맡기게 된다.

6. 세상에 영원한 실패는 없다.
성장으로 가는 수많은 과정이다.

7. 모두를 따라간 곳에 천국은 없다.
혼자 남아 관찰할 용기를 내라.

8. 스스로 선택하고, 끝내야 한다.
그래야 실패해도 배울 수 있다.

9. 나한테까지 들어온 정보는
가치 있는 정보가 아니다.

10. 희망을 품고 있는 동안,
나는 절대로 실패한 게 아니다.

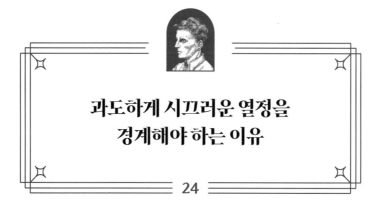

과도하게 시끄러운 열정을
경계해야 하는 이유

24

죽는 날까지 선한 마음으로
아름답게 살기 위해서
나는 어떻게 해야만 하나?

Ludwig Josef Johann Wittgenstein

선한 마음을 유지한 채 아름답게 산다는 건 참 힘든 일이다. 그렇게 살기 위해서는 자신의 마음을 강력하게 제어할 수 있어야 하고, 동시에 세상을 바라보는 뛰어난 안목이 필요해서 그렇다. 그래서 비트겐슈타인은 더욱더 언어의 본질을 탐구했으며, 그렇게 나온 것들을 일상에 적용해서, 사람을 대하는 통찰을 얻어냈다.

사람을 구성하는 대부분의 것은 거의 비슷하다. 특별히 열정이 넘치거나 능력이 뛰어난 사람은 별로 없다. 예외는 극히 소수일 뿐이며, 그들끼리 살아서, 우리 주변에는 존재하지 않는다. 하나 묻는다. "그런데 왜 유독 몇몇 사람의 열정은 시끄럽게 느껴지고, 눈에 자주 띄는 걸까?"

그 내면을 본 사람이라면, 아마 이미 알고 있겠지만, 그들의 열정은 가짜일 가능성이 매우 높다. 말이 앞서는 사람은 자기 말을 삶에서 실천하지 못하는 사람이라 더욱 시끄럽게 외치는 것이고, 실제로 무언가를 계속 해내는 사람은 삶에서 실천하느라 말할 틈과 이유를 찾지 못해서 사실 눈에 잘 보이지 않는다.

마찬가지로 자신의 열정이 뜨겁다고 계속 겉으로 시끄럽게 표현하는 사람은, 일상에서 충분히 자신의 열정을 태우지 못했기 때문에 말로 그걸 대신 하는 것이다. 다시 말해, 열정은 꾸준한 온도로 보여주는 것이지, 순간적인 소리와 아우성으로 증명할 수 있는 것이 아니다. 이유는 간단하다. 열정은 스스로 일상에서 태우며 가치를 발하는 것이지, 입에서 나오는 소리를 통해 가치를 전하는 것이 아니라서 그렇다.

누군가와 인연을 맺을 때, 상대가 과도하게 시끄러운 열정의 소유자라면, 경계하라. 물론 다 그런 것은 아니겠지만, 그것은 때로 그들 자신의 무능함을 가장 선명하게 증명하기 때문이다. 그렇게 혼란 속에서도 중심을 잡고 살 수 있어야, 선한 마음으로 죽는 날까지 아름답게 살 수 있다.

"영원한 것을 바라보면, 답이 보인다.

열정의 가치는 순간적인 온도가 아니라,

끝까지 그 온도를 유지하는 꾸준함에 있고,

끝까지 자기 일을 소리 없이 해내는 사람들은

굳이 자신이 무엇을 해낼 것인지

입으로 하나하나 말할 필요가 없다.

삶이 자신을 증명하고, 추천하고 있으니까."

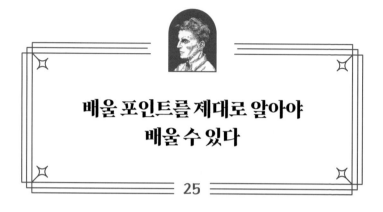

배울 포인트를 제대로 알아야
배울 수 있다

25

지혜나 지식이 우리의 삶을
온전히 만들어주는 건 아니다.
지혜나 지식에는 삶을 데울 온기가 없다.
우리의 일상을 바꿀 힘은
그런 차가운 것들이 아니라,
부글부글 끓어오르는 열정에 있다.

Ludwig Josef Johann Wittgenstein

비트겐슈타인은 재벌 집에서 태어나 막대한 유산을 받을 수 있
었지만, 스스로 포기했다. 그런 그가 택한 건, 놀랍게도 제1차 세계
대전에 참전하는 것이었다. 삶을 향한 그의 도전은 여기에서 멈추
지 않는다. 건축가, 교수, 노동자, 초등학교 교사, 수도원, 은둔자 등
그는 수많은 인생을 온몸으로 관통했다. 죽기 직전 그는 자신의 삶

을 어떻게 평가했을까? 바로 이렇다. "참 경이로운 삶이었다."

자, 이제 현실로 돌아와서 생각해 보자. 자수성가한 부자나 투자로 이름을 날린 사람이 단독으로 강연을 하나 만들었다고 치자. 당신은 그의 비결이 궁금해서 그가 만든 강연장 자리에 앉았다. 하나 묻는다. "그가 당신에게 가르칠 모든 것은 어디에 있는 걸까?" 보통은 앞으로 그의 입에서 나올 말에 있다고 생각한다. 아주 틀린 이야기는 아니다. 하지만 그건 그가 알려준 가르침의 10%만 흡수할 수 있는 매우 비생산적인 시선이다.

사실 그는 자신이 알려줄 수 있는 모든 지혜를 당신에게 이미 다 줬다. 이게 대체 무슨 말일까? 이야기는 매우 간단하다. 당신이 이 자리에 왜 돈을 내고 앉았고, 수많은 일이 있음에도 왜 이 강연을 선택했으며, 어떤 강렬한 이끌림이 이 자리에 앉게 만들었는지를 생각해 보면 답이 나온다. 당신을 여기에 앉히기 위해 그가 만든 수많은 언어적인 장치가 바로 당신이 그에게 배울 지혜인 셈이다. 동시에 그가 지금의 자리에 오를 수 있었던 근본적인 힘도 바로 거기에 있다. 앞으로 강연에서 나올 그의 말은 거기에 앉기 전까지 당신이 본 수많은 언어적인 장치에 대한 주석일 뿐이다.

비트겐슈타인이 자신에게 주어진 막대한 유산을 그대로 받았다면, 그는 인생의 결론을 쉽게 내리거나 생각하기를 멈췄을 수도 있다. 하지만 그는 지혜나 지식이 아닌 삶의 다양한 현장에서 뜨

거운 열정을 수집했으며, 그 결과 우리가 아는 '언어의 거장' 비트
겐슈타인이 될 수 있었다.

"누구나 무언가를 보며 살지만,

모두가 보고 있는 건 아니다.

누구에게나 배울 점은 있지만,

모두가 배울 수 있는 건 아니다.

모두에게 주어지는 값진 것으로

삶을 가득 채우고 싶다면,

여기에 뭔가 있다는 열정의 눈으로 보라."

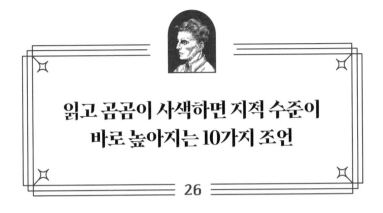

읽고 곰곰이 사색하면 지적 수준이 바로 높아지는 10가지 조언

26

가능성을 믿는 자가 말하는
"믿는다."와
가능성을 믿지 않는 자가 말하는
"믿는다."는 완전히 다르다.

Ludwig Josef Johann Wittgenstein

누구나 열심히 산다. 그러나 모두가 원하는 결과를 쟁취하는 건 아니다. 그 중심에 바로 이런 차이가 있다. 가능성을 믿고 시작한 사람은 무언가를 찾을 때, 있다고 생각하며 찾지만, 반대로 가능성이 없다고 생각하는 사람은 없을 수도 있다고 생각하며 찾는다. 같은 노력을 했지만, 가치는 달랐던 것이다.

이렇게 같은 말은 해도 그 속에 어떤 마음이 녹아 있는가에 따라서 결과도 달라진다. 위대한 작곡가 바흐는 이렇게 말했다. "내가 한 일은 그저 노력의 선물에 불과하다." 간혹 노력이라는 말을 쉽게 보는 사람이 있는데, 바흐처럼 평생 노력하기 위해서는 겸손과 엄청난 끈기 즉, 자신을 이끌 힘이 필요하다. 그런 과정을 거쳐서 자기를 완전하게 표현할 수 있는 자가 우리에게 위대한 인간의 말을 걸어 주는 것이다.

가능성을 믿고 시작한 믿음이 다르듯, 가치를 믿고 시작한 노력도 전혀 다른 결과를 만든다. 짐작 그 이상으로 지적 수준을 높이고 싶다면, 아래 소개하는 10개의 글을 낭독하고, 필사해 보라. 가능성과 가치를 바라보는 인식 자체가 바뀔 것이다.

1. 천재란, 용기라는 재능을 가진 자를 말한다.

2. 글을 쓴다는 건, 열차를 단정하게 선로에 올려놓는 일이다.

3. 당장 가능한 일을 처리하면, 불가능했던 일도 처리할 수 있다.

4. 나의 눈앞에 있는 것을 보는 일은 얼마나 어려운가.

5. 아무것도 해명하거나 꾸미지 말고, 있는 그대로를 보고 말하라.

6. 파악하는 방법이 다르면, 사용하는 방법도 달라진다.

7. 자기 스스로 혁명할 수 있는 자가 가장 혁명적이라 할 수 있다.

8. 인간은 자신이 무엇을 갖고 있는지는 알지만,

자신이 무엇인지는 모른다.

9. 아무도 걸음을 멈추지 않는 곳에서 나는 걸음을 멈춘다.

10. 대화는 가장 치열한 지적 행위다.

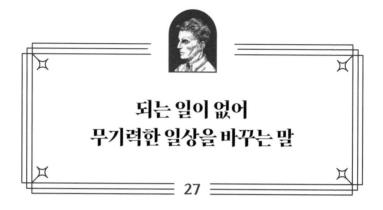

되는 일이 없어
무기력한 일상을 바꾸는 말

27

사람들한테 내 삶이
아주 멋졌다고 전해주세요.

Ludwig Josef Johann Wittgenstein

비트겐슈타인에게는 4명의 형이 있었는데, 놀랍게도 형 모두에
게는 이런 공통점이 있었다. '지독하게 무기력하고, 우울했다.'는
것이다. 실제로 첫째 형은 아버지와의 불화로, 둘째 형은 안타깝게
도 군대에서 자살을 한다. 셋째 형도 술집에서 청산가리를 먹음으
로써 극단적인 선택을 한다. 이렇게 비트겐슈타인의 형제 4명 중

셋은 청년기에 자살했고, 나머지 한 명인 파울만이 성장해서 유명한 피아니스트가 되었다. 집안은 매우 부유했지만, 정신은 극도로 나약했다.

이런 환경에서는 제대로 사는 게 쉽지 않다. 자살로 삶을 마감하지 않았다는 사실 하나로도 대단한 일이다. 그러나 그는 자살을 하거나 무기력한 삶에 빠지지 않았다. 반대로 스스로 자신의 삶을 개척하며, 누구보다 역동적인 나날을 즐겼다. 그 비결은 대체 어디에 있었던 걸까?

"이제 죽음을 준비하시는 게 좋을 것 같습니다." 그는 62세에 전립선암을 선고받고, 살날이 얼마 남지 않았다는 무서운 사실과 마주하게 된다. 하지만 당시 그는 오히려 이런 희망이 가득한 유언을 남겼다. "사람들한테 내 삶이 아주 멋졌다고 전해주세요." 너무나 우울했던 시기라서, 그의 형제가 그랬던 것처럼 자살로 삶을 마감하는 게 더 어울렸던 환경이었지만, 그런 유혹에서 그가 자신을 지킬 수 있었던 힘은 바로 '희망의 언어'에 있었다. 그는 병든 사람이 주사를 맞듯, 자신에게 매일 다음에 소개하는 10개의 희망의 언어를 주입했다. 읽고, 필사하며, 당신의 언어로 만들어 보라. 일상을 맞이하는 감정 자체가 달라질 것이다.

1. 모든 문제는 풀기 위해서 얽혀 있는 것이다.

2. 지금 나는 확실하게 잘되는 과정에 있다.

3. 많은 돈이 아니라, 굳은 의지가 나를 키운다.

4. 내 하루는 귀한 것으로 가득하다.

5. 좋은 기회는 외부가 아니라, 내부에서 찾아온다.

6. 중간에 멈추지 않으면, 원하는 곳에 도착할 것이다.

7. 나는 나의 가치를 증명하기 위해 살고 있다.

8. 나는 말과 행동으로 희망을 그릴 수 있다.

9. 말로 표현할 수 있다면, 그걸 잡을 수도 있다.

10. 나의 모든 현실은 내가 원한 것들이다.

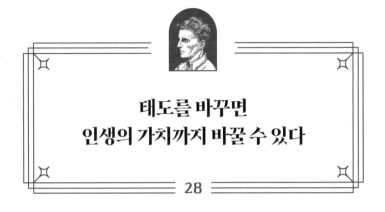

태도를 바꾸면
인생의 가치까지 바꿀 수 있다

28

인간의 절망에는 끝이 없고,
포기로는 절망을 끝내지 못한다.
스스로 기운을 차려서
모든 것을 아름답게 하라.

Ludwig Josef Johann Wittgenstein

아무리 열정적인 사람도 순간순간 처리해야 할 일에 치여서 살다보면, 가끔 이런 생각에 답답해질 때가 있다. '이렇게 사는 게 대체 무슨 의미가 있나?', '그냥 죽어도 별로 슬프지 않을 것 같다.', '내게도 과연 빛나는 시간이 찾아올까?'

정말 많은 일을 하면서 쉬지도 못하고 살았던 것 같은데, 돌아보면 자신의 지난날이 한낱 먼지처럼 가볍게 느껴지는 순간이 누구에게나 똑같이 다가온다. 그럴 땐, 지금도 바다 어딘가에서 흐르고 있을 파도를 생각해 보라. 파도는 여기에서 저기로 억지로 떠밀려서 가는 것처럼 보일 수도 있지만, 시선의 태도를 바꿔서 '내가 스스로 간다.'라고 생각하면, 파도 조각 하나하나가 모두 생생하게 살아 숨 쉬는 생명으로 보이게 된다.

이처럼 시각을 바꿔서 생각하면, 이야기는 달라진다. 인생이라는 바다는 절망하는 사람에게는 끝없이 절망만 보여주지만, 그럼에도 불구하고 희망을 찾는 자에게는 희망만 안겨준다. 절대로 변하지 않는 진리이니 꼭 기억하라. 삶을 대하는 '태도'를 바꾸면, 일상의 '선택'이 바뀌고, 마지막에는 인생에 '가치'를 더할 수 있다.

"나의 인생은 절대로

떠밀려서 가는 삶이 아니다.

스스로 선택한 것을

하나하나 처리하는 과정을 통해,

나는 이미 어제보다

오늘 더 아름다운 내가 되었다.

결코, 나의 존재는 사라지지 않는다.

내가 분투하며 보낸 어제가

오늘의 내 삶을 지켜주고 있으니까."

결국 모든 것을 해내는 사람의 질문은 방향이 다르다

29

'이 정도면 됐어, 끝내자.'라는 생각은
보통 인간의 신체적인 욕구에서 나온다.
하지만 지성인이라면, 신체가 내리는 명령을
단호하게 거부하며, 생각을 잡고 있어야 한다.

Ludwig Josef Johann Wittgenstein

각 분야의 전문가에게 온갖 정보에 대한 내용을 다 듣고, 마지막 질문을 하는 방식을 보면, 그가 투자 혹은 자녀 교육, 기획, 마케팅에 성공할지 아니면 실패할지 거의 100%에 가깝게 짐작할 수 있다.

분야에 상관없이 늘 실패하는 사람들은 이렇게 묻는다. "그래서 지금 투자해야 하나요? 언제 빠져나가면 되죠?", "그래서 내 아이에게도 적용하려면, 어떻게 해야 하는 건가요?" 그들은 언제나 가장 좋은 방법을 누군가 대신 생각해서 자신에게 주기를 바란다.

반대로 늘 성공하는 사람들의 질문은 방향 자체가 다르다. 그들은 전문가가 아닌 자기 자신에게 묻는다. "그럼 언제 투자를 시작하면 좋을까? 언제 빠져나오는 게 적절할까?", "이걸 내 아이에게도 적용하려면, 나는 어떻게 해야 하는 걸까?"

모든 것을 다 완벽하게 배운 후, 마지막에 누구에게 질문하느냐에 따라서 그 배움의 결과가 완성된다. 왜 가장 중요한 질문을 나와 아무런 상관도 없는 남에게 주는가? 그 소중한 것을 말이다. 물론, 생각은 쉬운 지적 도구가 아니다. 벗어나고 싶고, 빠져나가고 싶다. 그러나 아무리 생각이 힘들어도 원하는 것이 분명하다면, 계속 생각해야 한다. 강력한 실천을 요하는 가장 마지막 질문은 언제나 자기 자신에게 던지는 거다. 다른 누가 하는 게 아닌 내가 해야 하는 거니까.

"누구에게 무엇을 배웠든

마지막 질문은 자신에게 던져라.

쉽고, 빠르게 찾은 답은 답이 아니니

오랫동안 자신에게 질문하고, 또 질문하라.

세상에서 가장 멋진 질문은

자기 자신에게 던지는 질문이다."

김종원의 세계철학전집
✕
비트겐슈타인 for 언어

섬세한 표현

: 상대에게 도착해야 말이라 부를 수 있다

Ludwig Josef Johann Wittgenstein

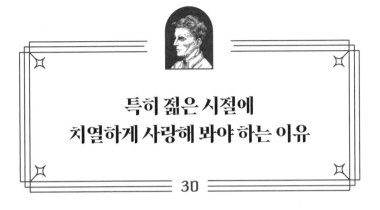

특히 젊은 시절에
치열하게 사랑해 봐야 하는 이유

30

쓸모없는 문제에 관여하지 말고,
말할 수 없는 것에 대해서는
늘 침묵해야 하고,
언어는 만물의 척도임을 기억하라.

Ludwig Josef Johann Wittgenstein

비트겐슈타인의 거의 모든 것을 담은 4줄이라고 볼 수 있다. 그
럼 반대로 이렇게 생각할 필요가 있다. '쓸모가 있는 문제는 무엇
인가?', '말할 수 있는 건 무엇인가?', '만물의 척도인 언어는 어떻
게 활용해야 하나?'

이에 대한 답을 나는 정말 오랫동안 찾았다. 가슴속에 저 3가지

질문을 담고, 5년 넘게 사색에 잠겼다. 그러다가 문득 깨닫게 되었고, 저절로 하나의 단어가 입술을 비집고 나왔다. 바로 '사랑' 그래, 사랑이다.

생각해 보라. 누군가의 마음을 얻기 위해 분투한 시간은 밤하늘에 핀 별처럼 아름답다. 또한 어렵게 얻은 그 사랑이 자꾸만 떠나려고 할 때, 어떻게든 지키려고 다시 분투하는 그 모습은 폭풍우 속에서 핀 작은 꽃 하나를 지키려는 사람의 마음처럼 고귀하다.

사랑해서 누군가의 마음을 얻으려고 할 때 가장 먼저 드는 생각이 뭔가? '어떻게 하면 내 마음을 생생하게 전할 수 있을까?', '이 뜨거운 마음을, 도저히 가만히 있을 수 없는 내 마음을, 사랑이라고 어떻게 표현하면 좋을까?' 그렇다. 그렇게 사랑에 빠져서 누군가의 마음을 얻으려는 자는, 태어나 처음으로 언어라는 바다에 빠진다. 그 안에서 죽을 만큼 힘든 시간을 보내며, 조개 속 진주를 꺼내듯, 아름다운 언어를 꺼내서 사랑하는 사람에게 들려준다. 그래서 특히 젊은 시절, 미치도록 치열하게 사랑한 사람일수록 내면에 쓸모가 있는 언어와 경험을 풍부하게 간직하고 있다. 어떤 말이 더 가슴 깊이 침투하고, 어떤 말이 오해를 부르며, 또 어떤 말이 더 가치가 있는지, 그들은 누구보다 잘 알고 있다. 생사를 오가며, 온몸으로 경험한 끝에 얻은 깨달음이니까.

"사랑하는 사람에게 말하듯

그렇게 진실하게 글을 써보라.

보이지 않던 것들이 하나하나 보이고,

사라진 것들이 찾아와 가슴에 안길 것이다.

사랑은 이 세상의 모든 쓸모 있는 것을

다정하게 소개해 주는 친절한 안내자다."

지적 수준이 낮은 사람은
더 많이 분노하며 살게 된다

31

'너무' 많이 아는 사람이
'거짓말'을 하지 않기란 어렵다.

Ludwig Josef Johann Wittgenstein

주변을 둘러보면, 마치 싸우려고 외출을 한 사람처럼 분노를
제어하지 못하는 사람이 점점 늘어나고 있다. 그러나 그들 중 다
수는 '가짜 분노 배출자'임을 알 수 있다. 만나는 사람에 따라 태
도와 분노의 수치가 달라지기 때문이다. 그들이 말하는 "나도 모
르게 분노가 치밀어 올라서 나도 나를 제어할 수 없었다."라는 말

은 "이 정도의 분노 수준이면, 너를 꺾을 수 있을 것 같았어."라는 의미로 해석하면 된다. '분노 조절 장애'가 아니라, 사실은 '분노 조절 잘해'인 것이다.

그들의 분노는 자신도 모르게 시작된 것이 아니라, 만만한 당신을 제어하고, 꺾기 위해 스스로 부른 셈이다. 이는 결코 놀라운 사실이 아니다. 만만한 상대가 마음대로 움직이지 않을 경우, 인간은 가장 먼저 분노라는 극한의 감정을 꺼낸다. 효과가 매우 좋기 때문이다. 상대 수준에 맞춰서 분노를 꺼낸 후, 원하는 방향으로 움직이며, 그 상황을 지배하려고 한다. 분노를 자신의 성공 자산으로 활용하는 것이다.

물론 사람에게는 양심과 좋은 마음이 있다. 그런 인간성이 있어서 쉽게 타인을 벌하고, 비난하기 힘들다. 그런데 오히려 그런 요인이 분노를 부르는 이유가 된다. 분노를 불러, 그를 막무가내로 미워할 수 있게 나쁜 감정의 도움을 받는 것이다. 그들은 분노라는 열차를 타고, 물리쳐야 하는 상대에게 날아가, 온갖 비난과 악질적인 행동을 저지르고 돌아온다. 하지만 그렇게 일을 처리하는 사람일수록 매우 빠르게 평온을 되찾는다. 자기 행동과 일치하지 않는 정의와 도덕이라는 방패도 다시 든다. 그리고 분노하는 자를 지그시 바라보며, "침착하라."고 조언한다. 이 글을 다시 읽어보라.

"'너무' 많이 아는 사람이
'거짓말'을 하지 않기란 어렵다."

내가 너무와 거짓말을 특히 강조한 이유가 바로 여기에 있다. 삶이 되지 못하고, 입에서만 머문 지식은 진짜 지식이 아니라서 마음에 안기지 못하고, 거짓이 되어 사방으로 퍼진다. 그러니 분노로 만만한 상대를 비열하게 제어하고, 이기려는 자가 있다면, 늘 기억하자.

필사할
문장

"입에서 나온 말과 행동이
늘 일치하지 않는 사람들이 있다.
말과 삶이 다른 사람을 조심하라.
세상에는 그런 자가 수없이 많고,
그들은 늘 당신을 노리고 있다"

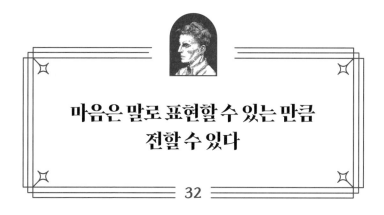

마음은 말로 표현할 수 있는 만큼 전할 수 있다

32

정답은 다른 곳에 숨어 있는 게 아니다.
상대가 정답으로 인정할 수밖에 없는
무언가를 내놓으면, 그게 바로 답이다.

Ludwig Josef Johann Wittgenstein

사는 게 점점 힘들어지고 있다. 모든 산업이 마찬가지다. 지금까지 살면서 "경기가 좋습니다." 혹은 "장사가 정말 잘 되고 있습니다."라고 말하는 사업자는 거의 본 적이 없다. 자영업은 더욱 힘들다. 그런데 최근 나는 흥미로운 식당 하나를 알게 되었다. 일단이 식당은 경쟁이 치열한 동네에서, 그것도 5년 넘게 주민과 동네를 찾아오는 손님에게 맛집으로 유명하다. 하지만 참 특이하게도 아무리 먹어봐도 '정말 맛있다.'라는 생각은 들지 않는다. 메뉴도 특별하지 않다. 김밥과 떡볶이, 볶음밥 등을 파는 분식점이고, 가격도 저렴하지 않고, 반찬이 엄청나게 잘 나오는 것도 아니다. '대체 이 식당의 경쟁력은 어디에 있는 걸까?' 세 번째 방문에서 나는 그 경쟁력을 찾았다. 식당 입구 우측에 반찬을 셀프로 가져가는 공간 앞에 이런 문구가 적혀 있었다. "드실 수 있는 만큼만 가져가 주세요." 여기까지는 다른 식당과 비슷한 글이다. 하지만 그다음 문장이 내 잠든 정신을 깨웠다. "남기신 반찬은 가져가 주세요."

"남기면 벌금을 내야 한다."라는 식의 공격적인 문장은 자주 봤지만, 가져가라는 말은 내게 정말 새롭게 다가왔다. 벌금이라는 단어는 손님과 대립하는 상황을 만들지만, "가져가세요."라는 문구는 이런 긍정적인 효과를 전달할 수 있다. '반찬을 재사용 하지 않는다는 의지', '넉넉하게 식당을 운영하겠다는 마음', '가져가고 싶을 만큼 맛난 반찬을 만들겠다는 원칙'.

그렇다고 일부러 반찬을 많이 가져와 남기고, 포장해서 가져가는 사람을 본 적은 없다. 세상에 그럴 정도로 염치가 없는 사람은 그렇게 많지 않으니까. 식당 주인은 그 한 줄을 통해 "벌금을 내야 한다."라는 문구로 가질 수 있는 모든 것을 가지면서도, 위에 제시한 3가지 의지와 마음 그리고 원칙까지도 자연스럽게 보여줬다.

그 믿음이 결국 주인과 손님을 하나로 묶었다. 그 마음을 본 손님은 다른 사람들에게 그 식당을 소개했고, 그 지역의 좋은 식당으로 자리 잡을 수 있었다. 이게 바로 언어를 멋지게 활용하는 사람만이 가진 힘이다.

김치와 소스의 비결을 몇천만 원 내고 배우는 사람도 있다. 그것도 중요하다. 하지만 맛의 기본을 갖췄다면, 그다음에 중요한 것은 언어를 통해서 끊임없이 마음을 전할 방법을 찾아내겠다는 의지다. 결국 모든 정성과 마음도 말과 글로 전하지 못하면, 의미가 없기 때문이다. 글쓰기도 마찬가지다. 나는 더 좋은 문장을 완성하기 위해 노력하기보다는 같은 사물을 다르게 보는 방법을 찾기 위해 24시간을 보낸다. 비슷한 문장으로 경쟁하면, 끝나지 않는 싸움을 해야 하지만, 다른 문장을 쓰면 경쟁하지 않아도 되니까.

"돈으로 뭐든 해결할 수 있지만,

단 하나, 마음은 그게 어렵다.

상대가 내 마음을 몰라주는 이유는,

마음을 생생하게 전할 수 있는

가장 분명한 언어를 아직 찾지 못했기 때문이다.

마음은 저절로 전해지지 않는다.

상대에게 전할 마음이 뜨거운 만큼

말과 글로 전할 방법도 치열하게 찾자."

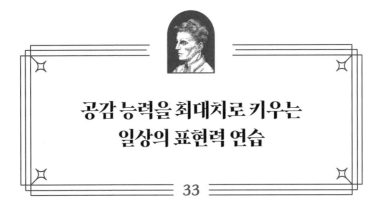

공감 능력을 최대치로 키우는
일상의 표현력 연습

33

다른 방식으로 생각하라.
발상을 완전히 새롭게 바꿔라.
지금까지의 생각을 완전히 버리고,
완전히 다른 방식을 사용하라.

Ludwig Josef Johann Wittgenstein

사는 게 날이 갈수록 더 힘들어지는 게 사실이지만, 그럼에도 이것 하나만 갖고 있으면, 자신이 원하는 삶을 흔들림 없이 추구할 수 있다. 그건 바로 '공감 능력'이다. 내가 지난 30년 동안 100권이 넘는 책을 내며 얻은 능력이기도 하다. 이제야 내 마음과 가장 닮은 글을 쓸 수 있게 되었으니까.

공감 능력 안에는 참 많은 것이 들어 있다. 바로 배려, 기품, 이해 등이다. 이는 말로는 얼마든지 발음할 수 있지만, 인간이 실제 갖기는 쉽지 않은 것들이다. 그래서 더욱 귀한 가치이며, 매우 훌륭한 삶의 무기가 될 수 있다.

내게는 그런 능력을 키우기 위한 방법이 하나 있다. 나는 글을 쓰며, 하루에도 수십 번씩 이런 식의 고민을 한다. '지금 느낀 이 감정을 어떻게 하면 내 마음과 가장 닮은 글로 표현할 수 있을까?' 뉘앙스는 같지만, 미세하게 다른 글로 변주하며, 내 감정을 섬세하게 찾기 시작한다. "바람이 스칠 때마다 눈물이 난다.", "바람이 스칠 때마다 눈물을 흘렸다.", "바람이 스치자 눈물이 번졌다.", "눈물이 번지는 곳곳에서 나는 바람처럼 흔들리고 있었다." 같은 의미인 것 같지만, 모든 문장이 서로 미세하게 다른 방향을 추구하고 있다. 내가 원하는 방향의 글을 쓰기 위해 문장의 구조를 마치 극세사 퍼즐을 맞추듯 하나하나 섬세하게 표현하려고 노력한다.

쉬운 예를 들어, 연락이 잘 닿지 않을 때 이렇게 말한다면, 의도와는 상관없이 듣는 상대의 기분이 매우 상할 것이다. "왜 전화 안 받아?", "왜 내 전화만 안 받아?", "전화를 왜 피하는 거야!" 반면, 같은 상황에서도 이렇게 그 마음을 표현할 수 있다면, 이제 상대는 오히려 당신에게 호감을 갖게 된다. "많이 바쁘지? 좀 쉬면서 천천히 일해.", "너 시간 날 때, 전화 부탁할게.", "바쁜 시간에 미안하지만, 확인 부탁해."

요즘 공감 능력 키워드가 매우 중요하게 부각되고 있다. 공감 능력이란, 타인을 얼마나 이해하고, 배려할 수 있느냐의 문제로 결정된다. 인문학의 가치와도 맞닿아 있는 공감 능력은, 결국 모두 언어로 구성되어 있으며, 그것을 섬세하게 단련하기 위해서는 이처럼 일상의 연습이 필요하다.

"늘 '이 정도면 됐지?'라는 마음이 아닌,

'내 마음과 같은 표현을 찾으려면

어떻게 해야 할까?'라는 태도로 다가가야,

좀 더 마음과 유사한 표현을 찾아

공감이 가득한 글을 쓸 수 있게 된다.

공감력이 곧 인간의 지성이며,

배려하며 배운 만큼 공감할 수 있다."

사소한 것 하나에서도
빛과 본질을 발견하는 질문법

34

모든 의심은
믿음 이후에 온다.

Ludwig Josef Johann Wittgenstein

믿음 이후에 오는 것이 의심이라는 말, 과연 어떤 의미가 있는
걸까? 처음 이 글을 읽었을 때, 보석보다 더 빛난다고 생각해서 단
한 줄을 반복해서 읽었던 기억이 여전히 생생하게 남아 있다. 여
기에서 그가 말하는 의심이란, 질문이다. 진짜 질문은 상대를 향한
강력한 믿음이 있어야 나올 수 있는 것이라는 뜻이다. 자, 그럼 어

떤 게 진짜 질문인지 본격적으로 알아보자.

서점가에는 흥행이 보증된 제목과 주제가 있다. 그중 하나가 '하버드'가 들어가는 제목이다. '공부', '설득', '몰입', '글쓰기', '시간 관리' 등 온갖 키워드를 하버드에 적절하게 연결해서 책을 내면, 이 불황 속에서도 손해 보지 않을 정도로 팔린다. 그리고 언제나 이런 종류의 책은, 읽고, 뭔가를 얻었다는 독자와 아무것도 얻지 못하고, 시간만 낭비했다고 분노하는 독자로 나뉜다. 이유가 뭘까? 내용도 중요하겠지만, 그 핵심은 책을 바라보는 시각의 차이가 결과까지 바꿨기 때문이다.

아무리 대단한 것을 봐도 아무것도 얻지 못하는 사람은, 책을 읽기도 전에 이런 의혹을 먼저 제기한다. "저 사람, 하버드 대학은 나오고 저런 책을 쓴 건가?", "혹시 하버드 대학도 나오지 못한 사람이 단순히 팔기 위해 책을 쓴 게 아닐까?" 비트겐슈타인이 말했듯, 그들은 시작부터 끝까지 믿음 없는 의심만 한다. 그러나 이후가 문제다. 이들 중 다수는 작가가 하버드를 졸업했다는 사실을 확인하게 되면, "그럼, 그렇지. 역시 글이 현실적이네."라며 칭송하지만, 하버드를 나오지 않았다는 사실을 확인하게 되면, "뭐야? 어쩐지 글이 너무 추상적이더라."라는 비난을 던진다. 같은 내용을 읽고도, 작가가 가진 명함에 따라 다른 리뷰를 남기는 것이다. 이런 방식의 읽기는 자신에게 아무런 도움이 되지 않는다.

반대로 아무리 사소한 것을 봐도, 그 안에서 대단한 것을 발견하는 사람이 있다. 그들은 저자가 하버드를 나왔든 나오지 않았든 상관없이 같은 리뷰를 내놓는다. 접근하는 질문이 달라서다. 그들은 저자 프로필에는 큰 관심이 없다. 다만, 그들은 믿음을 수반한 이런 질문으로 읽는 방식을 구체화한다. "이렇게 다양한 자료를 하나로 연결하려면, 어떤 방법이 필요한 걸까?", "한정된 자료에 자기 의견을 덧붙여 하나의 완성된 글로 만들기 위해서는 어떤 훈련이 필요할까?" 그들은 이런 방식의 질문으로 어떤 책에서든 위대한 깨달음을 얻고, 그걸 자신만의 것으로 만든다. 또한 이렇게 진짜 질문을 통해서 책을 제대로 읽는 사람들은, 인간관계에서도 원활한 소통을 통해 좋은 관계를 유지할 줄 안다. 모두가 같은 곳을 바라보는 곳에서 누구도 발견하지 못한 것을 볼 줄 알고, 그것을 현실에 구현할 줄도 안다. 나쁜 점을 보고, 비난하려는 마음이 아닌, 그 사람에게 맞는 질문을 찾아내, 빛내려는 자세로 바라보는 덕분이다.

"세상의 모든 빛나는 것을 찾으려면,

먼저 눈에 보이는 것들에게

빛을 허락해야 한다.

욕과 비난을 일삼으며,

세상의 빛을 발견할 수는 없다.

우리는 스스로 말하고, 생각하는 것만

세상으로부터 얻을 수 있다."

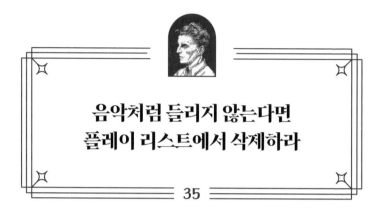

음악처럼 들리지 않는다면
플레이 리스트에서 삭제하라

35

모든 말에는
음악이 깃들어 있다.

Ludwig Josef Johann Wittgenstein

"내가 이 정도는 요구할 수 있잖아.", "우리 사이에 이것도 못해
주냐?", "다양성을 존중해 줄 수 있는 거잖아요." 우리를 쉽게 지
나치지 못하게 만드는 매우 위험한 말들이다. '이 정도', '이것도',
'다양성 존중' 등과 같은 말은 거절하기 매우 힘들고, 들어주지 않
으면, 괜히 내가 잘못하고 있다는 착각이 들어서 마음속에서는 싫

—— 130 ——

은 마음이 들지만, 억지로 그들의 요구를 들어주거나 생각을 수용하게 된다. 하지만 그럴 땐, 정말 냉정해야 한다. 깊이 읽어 보면, 위에서 소개한 3가지 말은 모두 그 사람의 개인적인 생각에 불과하다. 정작 그 모든 말을 듣는 '나의 입장'은 들어 있지 않다. 이렇게 생각하면, 실패하지 않는다.

"내가 이 정도는 요구할 수 있잖아?"
→ "그런데 나는 그렇게 생각하지 않아."

"우리 사이에 이것도 못해 주냐?"
→ "우리가 왜 그런 사이라고 생각하지?"

"다양성을 존중해 줄 수 있는 거잖아요."
→ "그럼 너는 왜 내 다양성은 인정하지 않아?"

비트겐슈타인은 모든 말에는 음악이 깃들어 있다고 말했다. 딱 들었을 때, 아래 소개하는 3가지 느낌이 든다면, 굳이 그 언어를 플레이 리스트에 남겨둘 필요가 없으니 삭제하는 게 좋다. 필사를 하면서 내게 그런 사람이 누구인지 생각해 보라.

1. 들으면 들을수록 내가 손해 보는 기분이다.

2. 자기 욕심만 가득한 게 느껴진다.

3. 내 입장을 전혀 고려한 언어가 아니다.

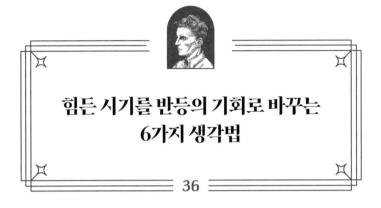

힘든 시기를 반등의 기회로 바꾸는
6가지 생각법

36

거장의 작품은 하늘에 뜬 별과 같아서
대중의 주변을 솟아올랐다
가라앉기를 반복한다.
그러므로 지금 가라앉아 있는
위대한 작품도 반드시
솟아오르는 때가 돌아올 것이다.

Ludwig Josef Johann Wittgenstein

누구에게나 힘든 시기는 찾아온다. 그러나 누군가는 힘든 시기
를 반등의 기회로 삼아서 상승하는 인생을 만들고, 누군가는 계속
해서 하락하는 인생을 산다. 그 중심에는 생각이 있고, 다시 생각
안에는 언어가 존재한다.

세상에 거장이 아닌 사람은 없다. 누구든 자신의 하늘에서 별

처럼 빛날 수 있다. 다만 언어를 제어하지 못해서 자기 삶도 제어하지 못하고 있을 뿐이다. 다음에 전하는 6개의 글을 낭독하고, 필사하며, 자신의 것으로 만들라.

1. 행동

모든 '행동'에는 '늦다'라는 의미가 존재하지 않는다. 때문에 "시작하기에 너무 늦었다."라는 말은 없다. 지금 행동하는 사람이 결국 도착할 수 있다.

2. 글쓰기

더 좋은 글을 쓰고 싶다면, 되고 싶은 자신을 생생하게 상상하며, 현실의 자신에 대해서 쓰라. 쓰면 쓸수록 되고 싶은 나와 가까워진다.

3. 감정

'분노'는 '가장 게으른 열정'이다. 아무것도 실천하지 않고, 단지 부정적인 감정 하나로 원하는 것을 얻으려는 욕망에서 나온 것이기 때문이다. 분노를 버려라.

4. 경탄

꾸준히 성장하는 사람은 당장의 비결을 찾지 않는다. 대신, 그는 일상에서 늘 경탄하며, 타인의 성장을 지켜본다. 비결은 타인의 것이지만, 경탄은 나만의 것이다.

5. 독서

나는 1년에 한 권의 책만 읽고, 매년 10권 이상의 책을 쓴다. 이 한 줄의 글에 글쓰기와 사색에 대한 모든 조언이 녹아 있다. 느낌이 올 때까지 계속 읽어 보라.

6. 일상

인생에서 내게 찾아온 최고의 기회는 늘 예상도 못한 것이었다. 매일 예상할 수 있는 것들에 최선을 다하며 살면, 결국 예상할 수 없는 최고의 기회가 찾아온다. 그러니 멋진 내일을 소망한다면, 늘 현재라는 너의 일상을 불태우듯 살라.

아무리 노력해도 잘 안되는 사람이
꼭 기억해야 할 것

37

단순한 두려움이 아니라,
두려움을 극복한 순간이
칭찬받을 만한 것이고,
좀 더 보람 있는 인생을 만든다.

Ludwig Josef Johann Wittgenstein

여기에서 가장 중요한 단어는 '색'과 '고독'이다. 자기만의 색
은 오직 고독한 시간과 공간 안에서만 자신을 피워낼 수 있는 꽃
과 같은 존재라서 그렇다. 하지만 인간은 자꾸만 인생이 잘 풀리
지 않으면, 다른 사람을 찾게 된다. 그런 선택을 한 이후, 나는 그
가 원하는 것을 얻었다는 소식을 들어본 적이 없다. 이유는 간단

하다. 무리에 섞여서 그나마 존재하던 자신의 색을 잃었기 때문이다. 아무리 내면에 자기만의 색을 가진 사람도 그걸 꺼내기 전에 다른 사람과 자꾸 섞이게 되면, 결국 자신의 색을 잃고, 아무것도 아닌 존재가 된다. 있어도, 없어도, 아무런 의미가 없는 무가치한 존재로 산다는 건 얼마나 고통스러운 일인가.

지금 당신이 아무리 노력해도 늘 일상이 두렵고, 되는 일이 없다면, 다음에 소개하는 7가지 사항을 지키며, 살아 보라. 이전과 이후로 나눌 수 있을 정도로 당신의 일상이 달라질 것이다.

1. 제발 무리에 섞이지 마라.

2. 잘될 때까지 고독을 즐겨라.

3. 도와줄 사람을 찾지 마라.

4. 스스로가 스스로의 힘이 돼라.

5. 평가를 부탁하지 마라.

6. 자신의 색을 믿고, 기대하라.

7. 틀려도 되니 중간에 포기하지 마라.

"인생은 스스로 자신에게

존재의 가치를 전하는

끝없는 항해와 같다.

결국 자신에게로 돌아올 때,

그 길었던 항해도 끝이 난다."

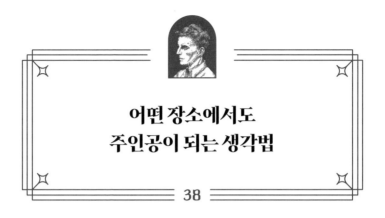

문제가 없는 인생은
오히려 문제가 있다.
사람은 현재 속에 살아야
가장 행복할 수 있다.

Ludwig Josef Johann Wittgenstein

문제가 없는 인생이 오히려 문제라며, 비트겐슈타인은 현재 속
에 살아야 행복할 수 있다고 말한다. 왜 그렇게 말한 걸까? 그는
이렇게 생각한 것이다. '문제는 늘 현실 안에 존재하며, 그러므로
현재 속에서 자신의 문제를 외면하지 않고, 해결하려고 분투하는
자만이 행복을 쟁취할 수 있다.' 가장 수준 높은 언어를 구사하는

사람만이 표현할 수 있는 문장이니, 반복해서 낭독하고, 필사하며, 자신의 언어 수준을 높이려는 시도를 해보는 것도 좋다. 그럼 현재 속에서 자신의 문제를 해결해 내는 주인공의 삶을 살기 위해서는 어떤 생각이 필요할까? 7개로 압축했으니 읽고, 자신의 말로 만들어보라.

1. 모두가 나를 의식하고 있다고 생각한다.
2. 내 말에 가치가 있다고 생각한다.
3. 내 방식을 믿고, 지지한다.
4. 행동 하나하나에 기품이 있다고 생각한다.
5. 뭐든 가능하다고 생각한다.
6. 잘되고 있다고 확신한다.
7. 나를 위주로 세상이 돌아간다고 생각한다.

여기에서 못 살면, 저기에서도 못 산다. 일상에서 좌절할 때마다 우리는 습관처럼 다른 나라, 다른 직장, 다른 일, 다른 세상을 꿈꾸며, 거기에서는 잘살 수 있을 거라고 생각하며, 하루하루를 버틴다. 하지만 가장 중요한 건, 지금 여기에서 잘사는 것이다. 세상은 어디에 가도 비슷비슷하다. 여기에서 못 사는 사람이 저기에 간다고 갑자기 잘사는 법은 없다.

"이 나라, 이 동네,

이 직업, 이 가족,

내가 살고 있는 바로

여기에서 승부를 보라!

도망치듯 떠나려고 하지 말고,

내일 죽는 사람처럼 오늘을 살라."

읽히고 공감받고
공유까지 되는 글의 특징

39

논리로 속임수를 쓸 때,
그 논리에 속을 사람은
자신 이외에는 없다.

Ludwig Josef Johann Wittgenstein

아주 간단하다. 이 방법만 적용하면, 당신이 쓴 모든 글은 이전
보다 더 많이 읽힐 것이고, 더 따스한 공감을 받으며, 공유까지 될
것이다. 그런 글의 탄생을 예를 들어 설명하면 이렇다.

만약 당신이 커피 맛집을 하나 소개받아서 방문했는데, 커피가
약간 신맛이 난다. 그럼 전혀 공감이나 공유가 이루어지지 않는 글

을 쓰는 사람들은 이렇게 써서 포스팅을 한다. "맛집이라고 소개를 받고 갔는데, 완전 실망입니다. 제가 커피라면 정말 많이 마셔봐서 전문가인데, 너무 신맛이 나서 도저히 마시지 못하겠어요." 이렇게 써서 포스팅을 하면, 1년 내내 매일 3개씩 글을 써도 한 사람의 독자도 생기지 않는다. 스스로 논리적인 사람처럼 보이려는 마음이 공감의 눈을 감게 만들었기 때문이다. 하지만 같은 상황에서 같은 커피를 마셔도, 읽히고, 공감받고, 공유까지 잘되는 글을 쓰는 사람은 그 커피에 대해서 이렇게 쓴다. "커피는 신맛이 나는 진한 맛이에요. ○○ 커피 좋아하는 분들이라면, 이곳 커피도 정말 좋아하실 것 같아요. 한입 마시는데 ○○ 커피 맛이다 싶었거든요."

확실한 차이가 느껴질 것이다. 전자는 논리적으로 보이려는 마음 때문에 비판만 하다가 글을 끝냈지만, 후자는 이야기의 가능성과 정보가 될 부분을 찾아서 글로 쓴 덕분에, 그 글과 커피를 찾는 사람들의 품에 안길 수 있었다.

"논리를 버리고,

나만 맞다는 생각도 지우고,

누군가에게 도움을 주려는 마음에

공감을 더해서 글을 쓴다면,

당신의 글도 더 많은 사랑을 전할 수 있다."

다른 사람을 생각한다는 건
원래 불가능하다

40

자아 성찰은 내 삶의
새로운 한 부분이어야 한다.

Ludwig Josef Johann Wittgenstein

2022년 5월, 서울에서 출발해 마산으로 가는 열차에서 승객 4명이 소주와 삼겹살, 상추를 꺼내 술판을 벌이는 등 기행을 벌였다. 열차에서 이루어지는 기행은 매우 다양하다. 소개하면 이렇다. 화장실 유리창을 깨트리거나, 정차역에서 문이 열린 틈을 타 흡연하고, 이를 말리는 승무원에게 폭언을 가하고, 처음 보는 여성 승

객에게 손하트를 날리며 옆자리로 와서 앉으라고 여러 차례 말하며 위협하고, 승무원을 성희롱하거나 추행한다.

"다른 사람을 좀 생각하자."라고 말하지만, 사실 사람이 다른 사람을 생각한다는 건 쉬운 일이 아니다. 사람에게는 각자의 수준이 있어서 다른 수준을 이해하거나 배려하는 건 불가능하기 때문이다. 예절과 도덕이 존재하지만, 그런 고귀함은 아무에게나 바랄 수 있는 게 아니다.

그러므로 늘 자신이 머무는 공간의 수준을 높게 만들어야 한다. 돈이나 지위가 아니라, 의식과 내면의 수준이 높은 사람들과 최대한 자주 어울리며, 생각하는 수준을 끌어올려야 한다.

"늘 자신을 돌아보라.

늘 다른 차원이 있음을 인지하라.

더 자주 돌아보며, 성찰하는 사람이

더 높고, 깊은 시선을 가질 수 있다."

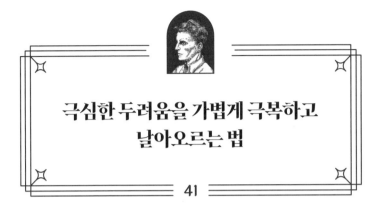

극심한 두려움을 가볍게 극복하고
날아오르는 법

41

당신이 지금까지 살아온 것처럼 앞으로도 산다면,
세계도 지금까지와 다르지 않을 것이다.
그러나 당신이 살아가는 방식을 바꾼다면,
세계도 그에 맞는 새로운 얼굴을 보여줄 것이다.
당신 자신의 수준이 곧 당신이 만날 세계의 수준이다.

Ludwig Josef Johann Wittgenstein

미국의 전 수영 선수 펠프스는 어릴 때부터 수영을 하기에 완벽한 체격을 갖춘 아이였지만, 최악의 약점이 하나 있었다. 감정의 기복이 심하다는 것이었다. 그는 자신의 감정을 스스로 제어하지 못해 수영에 전념하지 못했고, 경기 중에도 자주 실수를 반복했다. 너무나 두려워서 나중에는 수영 자체를 거부하게 되었다. 그러나 그 최악의 단점은 당시 그의 수영 코치였던 밥 바우먼의 간단한 처방으로 사라지게 되었다.

그 방법은 바로 자신이 수영하는 모습을 담은 비디오테이프 시청하기다. 그는 비디오테이프를 시청하며, 머릿속으로 자신이 경기하는 모습을 생생하게 그렸다. 시간이 날 때마다 출발대에서 수영장에 뛰어들어, 완벽하게 수영하는 장면을 느린 화면으로 생생하게 상상했다. 수영모에서 떨어지는 물방울과 가볍게 떨리는 입술, 경기가 끝나고 모자를 벗는 모습까지 하나하나 섬세하고도 분명하게 떠올리며, 자신의 감정을 추스르는 연습을 했다. 그렇게 그는 두려움을 극복했다. 그 변화 하나가 단순하게 체격만 좋은 유망주를 올림픽 영웅으로 변신하게 만든 것이다. 지금 그가 가진 가치는 두려움을 극복한 결과인 셈이다. 비트겐슈타인은 두려움을 극복하며, 자신의 가치를 높이려면, 이렇게 생각하라고 조언한다.

1. 잘하려고 하지 말자.
2. 도움을 준다고 생각하자.
3. 나를 못난 사람이라 생각하지 말자.
4. 상대가 잘났다고 생각하지 말자.
5. 세상이 모두 내게 집중한다고 생각하자.
6. 천천히 시작해도 전혀 늦지 않다.

7. 내 진심은 누구보다 따뜻하다고 생각하자.

당신은 당신이라서 할 수 있다. 모든 두려움은 극복될 것이며, 당신은 결국 날아오를 것이다. 이 말을 오래오래 잊지 말고 기억하라.

"전문가는 많이 배운 사람이 아니라,

그 일을 오랫동안 사랑한 사람이다.

깊어지려면 사랑해야 하니까."

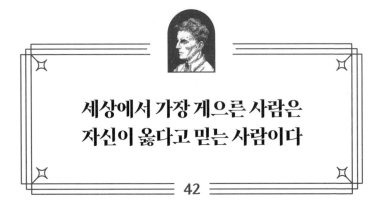

세상에서 가장 게으른 사람은
자신이 옳다고 믿는 사람이다

42

변하지 않는 신념을 가진 사람과
그것만이 반드시 옳다고 믿는 사람의 믿음은
무너뜨리기 매우 힘들다.

Ludwig Josef Johann Wittgenstein

자신의 의견이 절대적으로 옳다고 생각하는 사람의 머릿속에
는 오로지 어떤 경향의 사고방식만 기계처럼 돌아간다. 그래서 중
간에 무엇을 보고, 배워도, 늘 비슷한 결론만 낸다. 그는 '치열하게
게으른 사람'이다.

문제는 그런 사람은 자신의 신체 감각이 주는 신호까지도 신뢰

하지 않는다는 사실에 있다. 감각 따위는 신뢰할 수 없다고 생각하기 때문이다. 그런데 생각하면 할수록 이해할 수가 없다. 세상 그 무엇보다 정확한 것이 신체가 느끼는 감각인데, 그들은 자신이 옳다고 믿는 신념에 사로잡혀서 다른 무언가를 믿고, 신뢰하는 법을 아예 잊고 사는 것이다. 그런 삶의 반복으로, 그들은 결국 무기력에 빠져서 이런 상태가 된다.

1. 자꾸 남들의 단점만 보게 된다.

2. 책임을 회피하려고, 변명만 한다.

3. 시작만 하고, 끝내는 일이 없다.

4. 차분하게 앉아 있지 못한다.

5. 혼자 있으면 너무 불안하고, 두렵다.

6. 매일 일어나면, 한숨 먼저 내쉰다.

7. 대체 왜 사는지 이유를 모르겠다.

8. 그냥 눈만 뜨면, 모든 게 다 싫다.

9. "인생 한방이지."라는 말을 입에 달고 산다.

10. 나만 불행한 것 같다는 생각을 한다.

어떤 생각이 옳다고 생각하는 사람이 많아지면, 사람들은 그게 정답이라고 생각하게 된다. 다수가 있는 곳에서는 그나마 괜찮다.

그런데 그런 현상이 개인에게서 일어난다고 생각해 보라. 그 인생이 얼마나 끔찍한 결과로 연결될까.

"신념은 좋은 것이지만,

변하지 않는 신념은 오히려 자신을 망치는 길이니,

늘 나도 틀릴 수 있다는 생각으로 살면,

그 인생에는 희망이 좀 더 가득할 것이다."

세상이 아무리 흔들어도
중심을 잡고 가는 사람

43

대부분의 예술가는 다른 선배나
후배로부터 영향을 받았고,
받은 영향을 자신의 작품으로 보여준다.
하지만 대중은 그들의 작품이 아닌,
엉뚱한 인격만을 바라보며,
그걸로 그들의 예술 세계를 평가한다.

Ludwig Josef Johann Wittgenstein

"저 연기자는 인성이 참 훌륭해. 그래서 연기에도 깊이가 있
지.", "어쩌면 사람이 저렇게 예의 바르고 싹싹한지. 그래, 가수가
저래야지." 왜 어떤 사람들은 예술가들이 창조한 그림이나 춤, 영
상이나 조각을 바라보며, 그것과 별 상관이 없는 다른 것에 시선
을 빼앗기고, 제대로 평가나 감상을 하지 못하는 걸까. 이와 관련

해 비트겐슈타인은 '예술가의 인격'은 그저 '계란 껍데기'와 같은 존재라고 여겼다. 간단하게 말해서, 연약한 계란 껍데기이므로 주의 깊게 취급하겠지만, 그것이 우리의 정신적 영양이 되지는 않는다는 뜻이다.

이게 바로 핵심을 꿰뚫는 언어의 표본이다. 그래서 높은 언어 수준을 통해 본질이 무엇인지 아는 사람들은, 대중이 아무리 흔들어도 중심을 찾아서 묵묵히 걸어간다. 대중을 의식해서 예의 바른 것처럼 자신을 포장하거나 속이려고 하지 않는다. 최대한 좋은 모습은 보여줘야겠지만, 대부분의 시간을 자기 일에 투자하며, 성장에 집중한다. 스스로 그 길을 확신해서다.

그럼 본질에서 벗어나지 않고, 묵묵히 자기 길을 걸어가려면 어떻게 해야 할까? 지금 힘들수록 오히려 더욱 무리에서 벗어나야 한다. 무리에 섞이면, 마음은 편하지만, 생각이 중간에 잘려 나간다. 이 사람 저 사람 이야기 다 들어주고, 사정을 다 봐주면, 결국에는 내가 처음 생각한 이야기는 모두 사라지고, 껍데기만 남는다. 그들의 입장과 기준을 내 생각에 주입하면, 나중에는 아무런 생각도 없는 텅 빈 나를 발견하게 된다는 말이다.

"자기 삶을 살고 싶지만,

여전히 방황하고 있다면,

비록 지금 힘들더라도

더욱 혼자 지내라.

더 크고 강한 혼자로

다시 태어나라."

화날 때 읽으면
분노가 점점 가라앉는 10가지 글

44

상처가 있는 타인을 보는 게
반가운 사람은 없다.
상처가 없는 사람을 만날 때,
내 기분도 좋아진다.
누구나 사소한 일에도 예민하게 반응하며,
지나치게 까칠한 사람의 얼굴은 반갑지 않다.

Ludwig Josef Johann Wittgenstein

상처 있는 사람의 아픈 마음을 안아주며, 위로하는 마음은 위대하다. 그러나 살다 보면 그게 참 쉽지 않고, 그것보다는 일단 힘든 나 자신을 위로하고, 돌봐야 할 때가 있다. 나를 가장 힘들게 하는 건 언제나 나 자신이기 때문이다. 화날 때 읽으면, 분노가 점점 가라앉는 10가지 글을 소개하니, 낭독과 필사로 내면에 담아두라.

1. 나는 화를 내는 동안 내가 증오하는 사람과 점점 닮아가고 있다.

2. 내 언어와 내면의 수준이 점점 낮아지고 있다.

3. 좋은 마음이 사라지고, 나쁜 마음만 남았다.

4. 화를 내느라 내 장점을 하나도 살리지 못하고 있다.

5. 내 안에서 불행할 이유를 키우고 있다.

6. 여유를 잃고, 취한 사람처럼 눈동자가 흔들리고 있다.

7. 좁고, 얕은 내 바닥을 세상에 공개하고 있다.

8. 갈등을 풀지 못하고, 더 키우고 있다.

9. 5분 후에 후회할 일에 최선을 다하고 있다.

10. 내 하루를 스스로 피곤하게 만들고 있다.

추가로 인간관계에서 상처받지 않고, 건강한 내면을 유지하고 싶다면, 꼭 이 사실을 기억하자. 모욕받고, 상처 입은 사람에게 친절히 대하는 것보다 그 사람을 조용히 피하는 쪽이 훨씬 서로에게 좋다. 그들에게 필요한 것은 같은 상처로 지금 힘든 사람의 품이지, 억지로 꾸민 친절한 한마디가 아니기 때문이다. 또한 친절히 대하려면, 대단한 용기가 필요하다. 그러니 굳이 효과도 없는 일에 용기까지 내서 시간을 낭비할 필요는 없다.

"웃는 얼굴이 아름다운 사람이 되자.

또한 스스로에게 상처를 주는

어리석은 사람은 되지 말자.

뭐든 섬세하게 그리고 차분하게 바라보며,

가장 다정한 것들만 꺼내자."

김종원의 세계철학전집
✕
비트겐슈타인 for 언어

일상의 적용

: 인간은 자신의 언어로 자신의 삶을 살아간다

Ludwig Josef Johann Wittgenstein

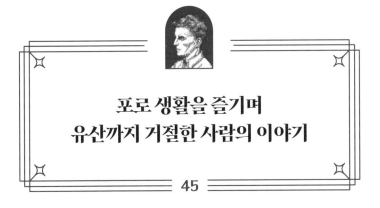

포로 생활을 즐기며
유산까지 거절한 사람의 이야기

45

세상은 주어진 사물이 아닌,
내가 본 사실들의 총합이다.

Ludwig Josef Johann Wittgenstein

비트겐슈타인이 전쟁 포로가 되어 이탈리아에 있을 때, 당시
풀려날 기회가 있었지만, 그는 단호하게 자유를 거절했다. 더 정확
하게는 그는 사는 내내 계속 포로 생활을 하고 싶다고 외쳤다. 이
유는 간단하다. 당시에 쓰던 책을 완성하기 위해 글을 계속 써야
만 했기 때문이다. 바깥이 아닌 포로 생활을 하는 공간에서 더 집

중이 잘되었으며, 남들이 보기에는 좁고, 답답한 공간이 글을 쓰기에 딱 좋다고 생각해서 스스로 자유를 버린 것이다.

실제로 제1차 세계 대전 내내 죽음을 마주하며 지냈던 그는, 오스트리아군에 자진 입대를 했으며, 가장 위험한 보직에 자원하며, 전장을 누비면서도 늘 노트를 지니고 다녔다. 그렇게 그는 실제로 자신이 쓰던 책을 포로로 생활하며, 완성했다. 그가 그렇게 글쓰기에 전념한 이유는 뭘까? 간단하다. 자신이라는 존재를 오직 글로만 증명할 수 있으며, 책이 세상의 모든 철학적 문제를 해결할 수 있다고 강하게 믿어서다. 신기하게도 그의 명저《논리-철학 논고》의 완성과 동시에 전쟁도 끝났다.

이후 전쟁 당시 집안이 보유했던 미국 채권의 가격이 오르면서 막대한 유산을 받았지만, 그는 놀라운 선택을 한다. 모든 재산을 형제자매와 예술가들에게 나누어준 것이다. 이 이유 역시 간단하다. 자신의 것이 아니라고 생각했기 때문이다. 그의 언어가 "이것은 너의 것이 아니다."라고 강하게 거절하고 있었다. 이 에피소드는 정말 놀라운 사건이라서 책에서 반복해서 소개하고 있으니, 당신도 그 의미를 반복해서 생각하며, 그가 얼마나 언어를 귀하게 생각했는지 그 마음을 느껴보라.

우리는 언어로만 우리의 세계를 그릴 수 있으며, 자신의 언어로 그리지 못하는 세계는 아무런 의미가 없다. 그리고 그 언어의 깊이와 섬세한 감각을 키울 수 있게 돕는 것이 바로 글쓰기이며, 오직 글쓰기를 통해 자신이 본 세계를 타인에게도 보여줄 수 있다. 글쓰기는 자신이라는 세계에 사랑하는 사람들을 초대하는 일이다.

"글을 쓰지 않으면,

자신이라는 존재를 쓸 수 없다.

세상으로부터 얻은 그것을

글로 쓰지 않고 방치한다면,

자신이라는 존재를 영원히 증명할 수 없다.

언어는 주어지는 것이 아니라,

스스로 사용하는 것이다."

이제는 자기 삶의
사전 하나 정도는 가질 나이다

46

모든 것을 하나로 만드는 언어폭력,
그것이 가장 거칠게 표출되어 있는 것이
바로 '사전'이다.

Ludwig Josef Johann Wittgenstein

"모르면 사전 찾아봐, 거기에 다 있어.", "사전 찾아서 그냥 외워! 그게 가장 빨라." 사전은 가장 빠르게 모르는 단어의 의미를 알려주고, 아이들은 이를 통해 그 의미를 알게 되지만, 뭔가 이상하다. 이런 기분이 들어서다. '아이들이 아는 것 같기는 한데, 또 모르는 것 같기도 하다.' 이유가 뭘까? 사전을 통해서 의미는 알았지만, 스스로 경험한 적이 없어서 그 단어를 모르는 타인에게 설명할 정도로 알지는 못하기 때문이다. 뭐든 그걸 모르는 사람에게 설명까지 할 수 있어야, 진정으로 그 단어를 안다고 말할 수 있다.

'떡볶이'라는 음식이 있다. 한국인이라면 모두 아는 그 음식인데, 내 세계에서는 조금 다르게 인식된다. 사전에서 정의한 떡볶이의 주인공은 떡이지만, 내 삶에서 정의한 주인공은 '어묵'과 '대파'이기 때문이다. 내게 떡볶이는 '어묵대파볶음'이다. 내게 떡은 어묵과 대파를 즐기다가 아주 가끔 손이 가는 조연일 뿐이다.

늘 세상이라는 사전이 정의한 어떤 단어를 대할 땐 이런 질문을 해봐야 한다. 떡볶이로 예를 들면, "나는 이 단어에 대해서 어떻게 생각하는가?", "나는 떡볶이의 주인공을 뭐라고 생각하는가?", "그럼 나는 이 단어를 뭐라고 정의해야 하는가?" 이와 관련해 나는 글을 처음 쓰는 사람에게 이런 훈련을 시킨다. "사랑에 대한 글을 하나 써 봐. 대신, 글 안에 사랑이라는 단어가 들어가면 안 돼. 하지만 글을 다 읽고 나면 사랑이 그려져야 하지."

비트겐슈타인에게 사전은 하나의 폭력과도 같았다. 모두에게 같은 생각을 주입하고, 같은 방향으로 해석하게 만들었기 때문이다. 진짜 공부를 시작하고 싶다면, 이제 사전에서 배운 의미는 모두 지워야 한다. 그리고 '삶'이라는 사전에 새롭게 새겨 넣을 나만의 정의를 찾아야 한다.

"사랑과 시간 그리고 원칙 등

내가 목숨 걸고 싸워서 지킨 것이

내가 추구한 삶을 증명한다.

그 시작은 내 삶의 사전을

하나 갖는 것부터다."

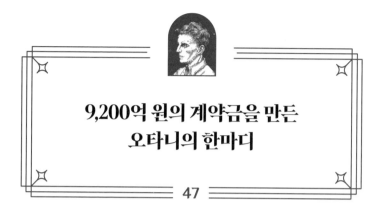

9,200억 원의 계약금을 만든
오타니의 한마디

47

지붕 위로 올라간 후에는
사다리를 던져 버려야 한다.

Ludwig Josef Johann Wittgenstein

사다리를 버리라는 말은 대체 어떤 의미로 남겼을까? 사다리는
'언어'를 의미한다. '지붕'이라는 어떤 지점에 도달하려면, 거기에
갈 수 있는 언어를 사용해야 한다. 마치 열차를 타기 위해 표를 구
매하는 것처럼. 하지만 도착 후에는 어떤가? 이제 그 표는 더 필요
하지 않다. 다시 그 공간에 맞는 언어가 필요하므로.

이 과정은 매우 중요하며, 이 가치를 가장 잘 아는 사람 중 한 명이 바로 일본의 야구 선수 오타니이다. 정해진 시간 이외에도 야구 연습에 몰입하느라 회식에 자주 빠지는 오타니에게 하루는 동료가 이런 조언을 했다. "너 그렇게 회식에 자주 빠지면, 사교적이지 못하다고 사람들이 널 싫어하게 될 거야." 그러자 오타니는 그에게 이런 말을 들려주었다. "그렇지 않습니다. 제가 세계 최고의 선수가 되면, 모두가 저를 좋아하게 될 겁니다." 현실은 모두가 알고 있는 것처럼 오타니는 세계 최고의 선수가 되었고, 그 가치는 이렇게 증명이 되었다. "오타니가 LA 다저스와 10년, 7억 달러(약 9,200억 원)의 초대형 계약에 합의했다." 그렇다. 오타니는 이제 무려 9,200억 원을 받는 세계 최고의 선수가 되었다.

과거, 오타니가 자신을 싫어하는 사람들에게 잘 보이기 위해서 좋아하는 연습을 접고, 회식에 꼬박꼬박 참석했다면, 아주 잠깐 동안에는 마음이 편했을 것이다. 하지만 그는 꿈을 이루기 위해서 몇몇 사람에게 미움받을 용기를 냈다. 그리고 자신에게 이런 언어를 들려주었다. "무엇보다 내가 잘하는 게 중요해." 그 결과, 몇몇 사람에게 잠시 미움을 받았지만, 이제는 세계 최고가 되어 세계인의 사랑을 받고 있다. 중요한 건 그를 미워했던 과거의 몇몇 동료도 이제는 그의 팬이 되어 그를 진심으로 응원하고 있다는 사실이다.

당신이 자신을 위해 분투하고 있다면, 그 꿈과 희망을 굳게 믿는다면, 잠시 오해받을 용기를 내라. 당신은 결국 꿈을 이루어낼 것이고, 그럼 등을 돌렸던 그 사람들도 다시 당신에게 돌아올 것이다. 내가 나아지면, 모든 것이 바뀐다.

필사할
문장

"나는 누군가의 인정을 받으려고 하지 않는다.

몇몇의 눈에 잘 보이려고 하지 않는다.

무엇보다 가장 중요한 건

나 자신에게 잘 보여야 한다는 것이다.

나는 나 자신에게 당당한 내가 될 것이다.

결국 나는 무엇이든 해낼 것이다.

분투하며 보낸 나의 모든 과거가

나 자신을 세상에 강력하게 추천할 테니까."

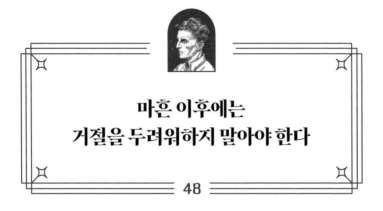

마흔 이후에는
거절을 두려워하지 말아야 한다

48

마음속에 간직한 용기가
처음에는 씨앗처럼 작아도,
점점 성장해서 결국 거목이 된다.

Ludwig Josef Johann Wittgenstein

거절당하는 것을 참지 못하는 사람들은 오히려 스스로 거절을
자주 당할 수밖에 없는 선택을 한다. 이유는 간단하다. 거절을 당
했다는 당장의 고통에서 벗어나려는 마음 때문이다. 그래서 그들
은 어느 한 사람에게 무언가를 요구하기보다는 최대한 다양한 사
람에게 무언가를 요청한다. 물론 이런 뉘앙스의 한마디를 언제나

주석처럼 덧붙인다. "싫으면 언제든 싫다고 하세요. 전 아무래도 괜찮으니까요."

그가 그렇게 쿨하게 말할 수 있는 이유는 그의 내면이 강하기 때문이 아니라, 반대로 습기를 가득 먹은 종이처럼 언제 찢어질지 모를 정도로 나약하기 때문이다. 그는 스스로 나약하다는 사실을 누구보다 잘 알고 있어서, 자신의 요청을 받아줄 사람을 매우 많이 준비한 후, 한 명 한 명의 의견을 물으며, 거절을 쿨하게 받아들일 준비를 하는 것이다. 그 모든 사람에게 거절당하지 않을 자신이 있어서가 아니라, 최대한 많은 경우의 수를 만들어서 어떻게든 자신을 원하는 사람으로 만들기 위해서다.

그러나 시간이 지나면, 이 모든 것이 그에게 매우 부정적으로 작용하며, 악순환을 이어간다. 인간은 마흔이 지나면서 믿을 수 있는 한 사람을 안아주며, 사랑한 시간이 필요한데, 당장의 고통과 실패를 벗어나려고, 굳이 쓸데없는 수많은 사람을 곁에 두며, 스스로 고통을 자처하는 삶을 살게 되기 때문이다. 젊을 때는 그나마 괜찮다. 하지만 마흔 이후에는 그런 방식의 관계에서 벗어나야, 사라지는 시간보다 귀한 인연을 삶에 담을 수 있다.

"마흔 이후에는 좋은 사람과

서로 사랑한 기억을 남겨야 한다.

사랑은 거절당할 용기를 내야

비로소 만날 수 있는 손님이니

오늘부터 거절당할 용기를 내라."

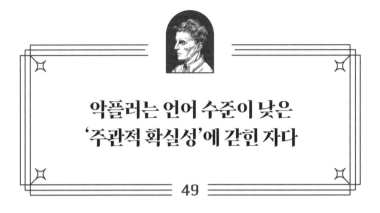

악플러는 언어 수준이 낮은
'주관적 확실성'에 갇힌 자다

49

확실하다는 말로 우리는 완전한 확신,
의심의 부재를 강조하려고 하며,
그 한마디로 누군가를 설득시키려고 한다.
하지만 그런 어설픈 믿음은 결국
'주관적 확실성'이라는 사실을 알아야 한다.

Ludwig Josef Johann Wittgenstein

젊을 때는 오히려 괜찮다. 하지만 나이 서른이나 마흔이 지나면서 우리에게 소중한 건 시간과 에너지의 낭비를 최대한 줄이는 것이다. 그런데 악플러는 우리의 시간과 에너지를 매우 빠르게 소진하게 만든다. 다음 10가지 악플러들의 공통점을 읽으며, 정성을 다해 필사를 한다면, 마음속에 담아서 일상에서 꺼낼 수 있고, 시간과 에너지를 아껴서 꼭 필요한 곳에 쓸 수 있게 될 것이다.

1. 이성적인 사람으로 보이려고 애쓴다.

2. 서두에 중립적인 자세를 취한 것처럼 쓴다.

3. 지적할 때만 나타나고, 좋은 글은 절대 안 쓴다.

4. 이 정도 생각도 쓰지 못하느냐고 오히려 반문한다.

5. 그들이 쓴 글을 다 읽고 나면, 기분이 나빠진다.

6. 차단하고, 차단해도, 또 나타난다.

7. 자신은 착하고, 남들은 다 못된 사람이라고 생각한다.

8. 읽으면 읽을수록 힘이 빠진다.

9. 읽는 사람에 대한 배려가 전혀 느껴지지 않는다.

10. 자신이 매우 상식적인 사람이라고 믿는다.

어떤가? 공통점이 하나 느껴진다. 그들은 누군가를 일방적으로 매도하고, 비난하기 위해서 '확실하다'라는 뉘앙스의 언어를 자주 사용한다. 하지만 '주관적 확실성'은 자신의 낮은 언어 수준을 증명할 뿐이다. "내가 왜 이렇게 생각하고", "그것에 대한 사람들의 반응은 이렇다."라는 고려 없이, 그냥 자기 생각을 확신하며, 그게 전부인 것처럼 주장하기 때문이다.

슬픈 현실이지만, 온라인 세상이 되었기 때문에 악플러는 이제

어쩔 수 없이 같이 살아야 할 존재가 되었다. 최대한 냉정하게 그들을 구분해서 정리하지 않으면, 가장 소중한 내 시간과 온라인이라는 공간의 질이 나빠진다. 좀 더 생산적이고, 동시에 빛나는 온라인 생활을 하고 싶다면, 위에 소개한 10가지 악플러들의 공통점을 기억 속에 저장하고, 삶의 순간순간 튀어나오는 그들을 가볍게 스치자.

"하루는 모두에게 주어지지만,

열심히 사는 건 자신의 몫인 것처럼

언어는 모두에게 주어지지만,

아름답게 활용하는 건 자신의 몫이다.

모두의 재산이지만,

어떤 사람은 넘치도록 갖고 있고,

어떤 사람은 바닥이 보인다.

세상에서 가장 지적이며,

근사한 언어라는 재산을

일상이라는 무대에 차곡차곡 쌓으며, 살아가라."

먼저 분노하는 사람이
영원히 지는 거다

50

천재가 아니면,
죽는 게 낫다.

Ludwig Josef Johann Wittgenstein

"짜증 나서 그 프로그램 시청하다가 방송국 홈페이지 찾아가서 가입하고, 장문의 댓글까지 쓰고 왔습니다." 한 방송 프로그램이 끝나자 이런 식의 댓글이 쏟아져 나왔다. 상황이 이렇게 되면, 가장 이득을 본 사람은 누구이고, 가장 손해를 본 사람은 누굴까?

우리는 간혹 이런 착각을 한다. '내가 분노해서 악플이나 비판의 댓글을 써서 적극적으로 표현하면, 상대의 기가 죽거나 이득이 줄어들 것이다.' 그런데 과연 그럴까? 내가 분노했다는 건 반대쪽 어디에선가 기뻐했다는 사실을 의미한다. 같은 장면도 바라보는 사람에 따라 판단은 완전히 반대로 나뉘며, 그건 사실의 관점이 아니라, 취향에 따라 나뉘어서 측정할 수 없다. 결국 가장 이득을 본 사람은 당신을 분노하게 만든 콘텐츠의 창조자다. 그걸 만든 사람은 세상을 분노하거나 기뻐하게 만들어 다시 이슈를 만들고, 세상에 자신이 만든 콘텐츠를 널리 알린다.

사람들이 너무 싫어해서 그 이유로 망한 콘텐츠를 난 본 적이 없다. 대신, 아무도 관심이 없어서 망한 콘텐츠는 매우 자주 목격했다. 이 사실은 무엇을 말하는 걸까? 만약 이 사태를 비트겐슈타인이 목격했다면, 그가 남긴 "천재가 아니면, 죽는 게 낫다."라는 말에 담긴 의미를 녹여내서 이렇게 조언했을 것이다. "정말 어떤 콘텐츠가 싫어서 죽이고 싶을 정도라면, 오히려 가만히 있는 게 가장 좋다. 그럼 그 콘텐츠도 조용히 사라질 것이다. 감정적으로 행동하지 말고, 영리하게 살아라."

가령, 당신이 화난 이유가 노래 경연 프로그램에서 분명 더 잘한 사람이 있는데, 그보다 못한 출연자가 다음 무대가 기대된다는 이유로 뽑히고, 오늘 무대에서 잘한 사람이 떨어졌기 때문이라면, 이런 반론도 가능하다. "현재 보여준 것도 중요하지만, 앞으로 더 무엇을 보여줄 수 있을지 미래 가치까지 평가에 담는 게 경연이다."

이렇게 같은 것도 충분히 다르게 해석할 수 있다. 만약 모든 기준이 동일하다면, 굳이 인간이 심사할 필요도 없다. 얼마든지 기계가 정밀하게 평가할 테니까. 인간이 존재하는 이유는 다양성에 있으며, 기준은 달라도 자신의 선택에 대한 이유를 설명할 수 있다면, 그것 역시 하나의 기준이 될 수 있다. 그러므로 우리가 해야 할 일은 어떤 상황을 보며 분노하는 게 아니라, '저런 시선으로 생각할 수도 있겠구나.' 하며, 세상을 지지하는 또 하나의 축에 대한 이해도를 높이는 것이다.

필사할
문장

"천재는 분노에 지지 않는 사람을 말한다.

강렬하게 분노해서 승리했거나 원하는 것을 얻었다는 소식을

나는 평생 들어본 적이 없다.

분노를 잠재우고, 언어를 꽃피워라.

향기가 대신 말하게 하라."

대화가 잘 맞는 사람과 만나야 하는
10가지 이유

51

생활하는 방식이 유사한 사람의 도덕성은 대부분 일치한다.

평소 그들이 추구하는 선과 악,

아름다움과 추한 것에 대한 의견도 같다.

이는 그저 생각이 일치해서만은 아니다.

삶의 방식과 추구하는 바가 같아서다.

Ludwig Josef Johann Wittgenstein

"이 사람은 진짜 나랑 말이 잘 통하네!", "대화를 나누면, 마음
까지 힐링 되는 기분이야." 그저 잠시 대화를 나눴을 뿐인데 이렇
게 마음까지 차분해지며, 예뻐지는 기분까지 들 때가 있다. 바로
말이 통하는 사람을 만난 순간이다.

비트겐슈타인 역시 그런 사람의 소중함을 논하며, 삶의 방식이

유사한 사람이 대화의 방식도 유사하다는 조언을 남겼다. 아래 소개한 대화가 잘 맞는 사람과 만나야 하는 10가지 이유에 대해서 낭독하고, 필사하며, 잘 생각해 보라. 이 글에 대한 이해도가 높아지면, 자연스럽게 그런 사람이 되기 위한 방법과 그런 사람을 만나기 위한 방법 모두를 찾아낼 수 있을 것이다.

1. 서로 대화를 하는 것만으로 힘든 마음까지 풀린다.

2. 돈과 환경도 좋지만, 말이 통해야 살 수 있다.

3. 말이 안 통하는 사람과 살아보면, 사는 게 사는 게 아니다.

4. 말로도 충분히 선물을 줄 수 있다는 사실을 알게 된다.

5. 서로의 음성만 들어도 행복이 마구 솟아난다.

6. 좋은 대화는 근사한 정원과도 같아서 향기가 난다.

7. 이 세상에 예쁜 말보다 아름다운 멜로디는 없다.

8. 지성이 넘치는 대화는 가정을 지키는 성벽과 같다.

9. 성격 차이를 전혀 인식하지 못해서 늘 서로를 귀하고, 다정하게 대한다.

10. 같이 있기만 해도 저절로 마음이 안정되어서 자존감도 탄탄해진다.

"모든 것이 다 잘 맞아도,

말이 통하지 않으면, 곁에 있기 힘들다.

말이 통하는 사람을 곁에 두라.

그건 나와 닮은 또 하나의 세계를

내 삶에 초대하는 것과 같다."

나를 진짜 걱정하는 사람과
아닌 사람을 구분하는 법

52

인생의 문제를 해결하려면,
그 문제가 사라지는
방식으로 살아야 한다.

Ludwig Josef Johann Wittgenstein

　주변에서 누군가 뭔가 새로운 일을 시작했다고 말하면, 꼭 잘
알지도 못하면서 "요즘 경기도 안 좋은데 걱정스럽다.", "너무 무
리하지 말자."라고 조언하는 사람들이 있다. 다음에 소개하는 말
도 역시 곁에서 보면, 표현도 매우 따스하고, 좋은 마음을 전하는
것처럼 보인다. "내가 자식 같아서 하는 말인데.", "자네를 정말 아

껴서 하는 말인데."

물론 감사하게도 좋은 마음에서 나온 조언일 수도 있지만, 중요한 지점은 그들이 우려스럽다고 걱정하던 그 일이 정작 잘되면, 축하해 주는 사람 중에 그들의 모습은 보이지 않는다는 사실이다. 새로운 일을 시작할 때마다 모습을 드러내는 이런 사람들 때문에 주변에 마음 쓰는 사람을 자주 봤는데, 그런 식의 이야기는 신경 쓰지 말고, 자기 일만 열심히 하면 된다고 말해주고 싶다. 괜한 신경을 쓸 필요가 없기 때문이다. 그래야만 하는 이유는 분명하다. 그러니 더 소중한 것에 집중하라.

하루는 동네 분식점에 떡볶이를 포장하러 갔다가 주인아주머니가 주문도 하지 않은 삶은 계란을 하나 더 넣어 주며, "이걸 국물에 비벼 먹으면 맛있어요."라고 했다. 그 한마디에 나는 문득 삶의 진리를 깨달았다. 실체 없는 조언을 100번 들을 바에는, 이렇게 실제로 따뜻한 삶은 계란 하나를 받는 게 더 큰 힘이 된다는 게 그것이다.

그래서 나는 누군가 새로운 일을 시작하면, 걱정과 우려를 하기보다는, 작게라도 도움이 될 일이 무엇인지 생각하고, 실질적으로 도움이 될 수 있는 것을 주려고 노력한다. 당신도 그런 사람이 돼라. 그럼 그런 사람이 가득한 따스한 공간에서 살게 될 것이다.

"지금 힘든 사람에게 필요한 건

수백 번의 걱정과 우려보다는,

당장 입에 넣을 수 있는

삶은 계란처럼 영양가 있는 말이다.

그냥 나오는 말과

온기가 있는 말은 다르다."

참을성이 많은 사람은
참을 게 많은 사람이다

53

아무리 생각하는 게 괴로워도,
상식 속으로 도망치지 마라.
살아있는 한 수많은 문제가
당신 앞에 펼쳐질 것이다.
문제와 정면으로 맞서서 해결하라.

Ludwig Josef Johann Wittgenstein

비트겐슈타인의 조언처럼 상식적인 생각으로는 도저히 이해할 수 있는 경우가 매우 많다. 이를테면, "나는 참을성이 남들보다 많아."라는 표현을 자신의 강한 의지력을 강조하기 위해서 입버릇처럼 하는 사람이 많지만, 그 말을 섬세하게 뜯어보면, 이렇게 들린다는 사실을 알 수 있다. 음악을 즐기듯 천천히 읽어보라. "나는 남들보다 참을 게 많아."

쉽게 말하자면, 그는 남들보다 쉽게 화를 내는 사람이며, 쉽게 오해하고, 토라지며, 스스로 분노를 창조하는 사람일 가능성이 높다. 잘 참는다는 것은, 그만큼 그 사람에게만 참을 게 많이 생긴다는 뜻이기 때문이다. 남들은 그냥 쉽게 지나칠 수 있는 것들도, 유독 예민하게 반응해서 하나하나 참견하게 된다는 말이라고 보면 맞다. 반대로 많은 것을 애초에 이해하는 사람에게는 참을 일 자체가 생기지 않는다. 그들은 참을성이 없는 게 아니라, 참아야 할 일 자체가 없다.

이렇게 문장을 하나하나 뜯어보면, 자기 자신도 모르고 있는 그 사람의 속을 들여다볼 수 있다. 언어가 강력하게 자신을 증명하고 있어서다. 더 큰 문제는 그들이 자신을 여전히 참을성이 대단한 사람으로 착각하고 있다는 사실에 있다. 물론 그들에게 애써 현실을 알려주거나 생각을 바꾸게 만들 필요는 없다. 그 착각은 결코 쉽게 인지하거나 바뀌는 게 아니라서 그렇다. 그저 사람을 볼 때, 그 사람의 말 그대로가 아닌 그 속을 들여다볼 필요가 있다는 사실을 깨닫는 걸로 만족하면 된다.

이런 사례는 얼마든지 많다. "나는 사람들의 다양성을 유연하게 인정하는 사람이야." 이렇게 말하고 다니는 사람이 꽤 있다. 듣기만 해도 어디에서든 공평한 판결을 내리고, 공정을 추구하며 살아가는 사람처럼 느껴진다. 그러나 과연 그럴까? 이런 사람들이 자주 사용하는 말버릇이 하나 있다. 바로 누군가 타인의 의견을 이해하지 못하고, 받아들이지 못할 때마다 "당신은 왜 의견의 다양성을 인정하지 않나요?"라고 응수하는 것이다. 어떻게 생각하는가? 합리적인 응수처럼 보이지만, 그 안을 조금만 들여다보면, 전혀 다른 것이 보인다. "당신은 왜 의견의 다양성을 인정하지 않나요?"라는 말로 이미 그 자신도 그 사람의 다양성을 인정하지 않았기 때문이다. "나는 다양성을 인정합니다."라는 말은 그 자체가 "나는 나와 의견이 다른 사람이 매우 눈에 거슬리며, 그럼에도 그들을 이해하기 위해 노력하겠습니다."라는 말과 같다. 실제로 다양성을 이해하고, 인정하는 사람은 굳이 그것을 의식할 필요가 없다. 어떤 것을 봐도 다르게 느껴지지 않고, 보는 즉시 그 사람이라는 하나의 생명을 하나의 철학으로 받아들이는 덕분이다. 한 사람의 인생에서 나타나는 모든 문제는, 결국 그 사람이 자주 내뱉는 말에 모두 집중되어 있다.

실제로 자기 성격을 통제할 수 있는 사람은 매우 드물고, 대개는 제어한 것처럼 보일 뿐이다. 그럼에도 불구하고 스스로 자신을 제어했다고 말한다는 것은, 오히려 상식적인 기준의 보통 사람들보다 자신을 제어하지 못한다는 증거라고 볼 수 있다. 실제로 자신을 제어하는 사람은 굳이 자신을 제어하는 힘이 강하다고 말할 필요가 없으니까. 무엇을 말하든 그것을 이미 하고 있는 사람은 그걸 하고 있다고 말하지 않는다. 이미 일상에서 보여주고 있어서다.

"그 사람을 알고 싶다면,

숨어 있는 언어를 들춰보라.

그 속에 그의 모든 것이 있다.

사람의 삶을 확인하는 데

언어보다 강력한 증거는 없다."

질투와 시기심은
자신의 무지를 증명한다

54

한 인간의 한계를 봤을 때,
그의 가능성을 측정할 수 있다.

Ludwig Josef Johann Wittgenstein

질문은 여기에서 시작한다. 잘 모르는 사람들의 성공 소식에는
아무런 감정도 느끼지 않지만, 친척이나 알고 지내던 사람들의 잘
되는 소식에 유독 질투와 시기심이 생기는 이유는 뭘까? 그건 단
지 주변 사람들의 잘되는 소식이 배가 아프기 때문만은 아니다.
이유는 단 하나, 무지하기 때문이다. 질투와 시기가 가장 낮은 수준의 의식을 증명하는 이유는 간단하다. 그 바닥에 이런 식의 마음이 녹아 있기 때문이다. '저 사람과 나는 다를 게 없다.', '오히려 내가 저 사람보다 못할 게 없다.', '내가 더 나은 사람인데, 세상이 공평하지 않다.'

잘되지 않는 인간의 심연을 들여다볼 수 있는 매우 중요한 지점이다. 능력과 지능 그리고 기타 모든 부분에서 서로 차이가 없다고 느끼기 때문에 그가 잘되는 소식에 질투와 시기심이 솟아나는 것이다. 그러면서 자연스럽게 생각은 이렇게 최악으로 연결된다. '뭐야, 왜 쟤만 잘되는 거야?', '나랑 다른 것도 전혀 없는데!', '뭔가 꼼수가 있는 거 아니야?' 이게 가장 절망적인 상황이다. 타인의 소식에 질투하며, 시기하는 사람은, 그들의 장점과 좋은 부분을 찾아낼 안목이 없다는 증거이기 때문이다. 처음에 언급한 것처럼 그들에게는 차이와 가치를 느끼고, 구분할 지성이 부족하다.

누구든 그 사람의 한계를 봤을 때, 그가 가진 가능성이 어느 정도인지 정확하게 측정할 수 있다. 질투와 시기는 인간이라면 누구에게나 있는 보편적인 감정이 아닌, 낮은 의식 수준의 인간 속에서만 살아갈 수 있는 기분 나쁜 영향을 미치는 존재다.

기억하라. 질투하는 순간, 당신의 가능성은 거기에서 멈춘다. 그래서 타인의 장점과 좋은 부분을 찾아내는 사람들은 잠시도 질투와 시기심에 자신을 맡기지 않는다. 그가 잘되는 분명한 이유를 알고 있어서다. 이것 하나만은 예외가 없다. 언제나 그렇다.

"잘 모르는 자는 분노하지만,

아는 자는 어떤 상황에서도 배운다.

소중한 자신의 한계를

한낱 시기와 질투에 빼앗기지 말라.

그럼 영원히 알 수 있는 기회조차 잃게 된다."

누군가의 붙임성이
좋다고 느껴진다면

55

누구든 자신의 비참한 현재 상황을
순식간에 깨부수고 싶다면,
힘들었던 과거에 작별을 고하고,
새로운 세계의 문을 열고 싶다면,
자신이 보고, 듣는 말의 내용을 바꿔라.

Ludwig Josef Johann Wittgenstein

역시 놀라운 말이다. 인간은 결국 그 사람이 자주 듣고, 발음한 말로 하나하나 완성된다는 사실을 극명하게 표현했다. 말은 사람을 속박한다. 비트겐슈타인은 그 사실을 이렇게 표현했다. "어떤 말이라도 그 내용과 개념은 그 시대에서 유행하는 문화와 풍조, 유행이나 각종 가치관에 물들어 있다. 결국 대중이 하는 말을 그대로 사용하면, 그들과 같은 연못 속에서 헤엄치게 된다."

놀라운 사례를 하나 소개한다. 만약 당신이 "참 붙임성도 좋네요."라고 말하게 되는 사람만 자주 만나게 된다면, 그건 어떤 사실을 의미할까? 8단계로 나눠서 소개하면 이렇다.

1. 붙임성도 결국 노력이 80%를 차지한다.
2. 유독 누군가 붙임성이 좋다고 느껴진다면
3. 힘들지만, 당신과 친해지고 싶어서 그런 거다.
4. 반대로 생각해 보면, 붙임성이 필요할 정도로
5. 당신이 꽤 까다로운 사람이라는 증거이기도 하다.
6. 그러므로 누군가의 붙임성이 좋게 느껴진다면,
7. 그 사람이 아닌 자기 자신을 돌아보라.
8. 모든 결과에는 반드시 이유가 있으며, 그냥 일어나는 일은 없다.

주변에 유독 붙임성이 좋은 사람이 많다면, 그건 내가 그런 사람이 아니라면, 인연을 맺기 힘들 정도로 까다로운 사람이라는 사실을 증명하는 것이다. 물론 그럼에도 이득이 있으니 곁에 있는 것이지만, 그렇게 자신의 현재 상태를 측정할 수 있다.

비트겐슈타인이 말한 비참한 현실을 바꾸려면, 자신이 보고, 듣는 말의 내용을 바꾸라는 것이 바로 이런 것이다. 유독 당신에게

만 붙임성이라는 기술을 투자하며, 이득만을 생각하는 사람이 많다는 건, 어찌 보면 비참한 현실이기도 하니까. 자신이 현재 머무는 공간에서 벗어나고 싶다면, 자주 듣는 말을 바꾸는 것이 가장 손쉬운 길이다. 그래야 비로소 다른 세상이 열린다.

"주변에서 나를 어떻게 대하고 있는지,

어떤 말을 자주 들려주는지를 알게 되면,

현재 나의 상태를 확인할 수 있다.

자신의 상태가 마음에 들지 않는다면,

다른 말을 자주 들을 수 있게

현실을 하나하나 바꾸라."

배움의 과정에서
꼭 기억해야 할 3가지 동력

56

> 나는 매일 아침을 희망으로 시작해서
> 24시간 내내 연구에 매달린다.
> 그러나 연구가 끝나고 저녁이 되면,
> 그 희망은 절망으로 바뀌어 있다.
>
> Ludwig Josef Johann Wittgenstein

멈추지 않고 성장하는 사람들에게는 무엇이 있을까? 희망과 기쁨, 행복과 사랑만 가득할까? 죽는 그 순간까지도 배움을 추구한 비트겐슈타인은 이에 "내 인생은 희망과 절망의 끝없는 반복이었다네."라고 답한다. 희망은 이해할 수 있지만, 절망이라니. 절망이 어떻게 배움의 동력이 될 수 있을까?

치열하게 배움을 추구해 본 사람은 안다. 그날 저녁, 배움의 끝에서 만난 절망이 나를 잠들게 하며, 다음 날 아침, 다시 연구에 전념할 수 있게 해준다는 놀라운 사실을 말이다. 희망이 내게 느낌표를 준다면, 절망은 물음표를 준다. 그렇게 느낌표와 물음표가 절묘하게 반복되는 일상을 통해 매일 조금씩 앞으로 나갈 수 있다. 다음 3가지 지적 동력을 내면에 간직할 수 있다면, 더욱 생산적인 하루를 보낼 수 있으니, 낭독과 필사로 당신의 무기로 가져가라.

필사할
문장

1. 나이

독서, 글쓰기 등 지적 활동을 할 때, 나이를 기준으로 삼지 마라. 나이와 전혀 상관없이 하면 되는 거고, 안 하면 못하는 거다. 늘 할 수 있다고 생각하자.

2. 사랑

뭐든 그 지식을 창조하고, 만든 사람까지 사랑해야, 완벽하게 배울 수 있다. 강연과 책 그리고 모든 그의 텍스트와 언어를 깊이 사랑하라. 사랑의 깊이가 깨달음의 깊이를 결정한다.

3. 최고

작은 것을 목표로 삼지 마라. 작은 것에는 우리의 일상을 바꿀 힘이 없다. 물질을 말하는 게 아니다. 무엇을 하든 당장 능력은 없어도, 최고의 퀄리티를 추구하라는 의미다.

무엇보다
내 마음 건강이 가장 먼저다

57

두려움, 슬픔, 즐거움 등의 감정은 모두
'무엇을 어떻게 생각하는가?'에서 나온다.
내가 아무것도 생각하지 않으면,
어떤 기분도 생기지 않는다.
생각으로 비록 통증은 지울 수 없지만,
나쁜 기분은 충분히 지울 수 있다.

Ludwig Josef Johann Wittgenstein

"작가님 강연 가능하신가요?" 메일로 매년 500회 이상의 강연 요청이 들어온다. 그러나 참 미안하게도 내가 수락할 수 있는 강연은 100건 이하다. 좋은 마음으로 보낸 제안에 80% 이상의 거절 답장을 써야 하는 셈이다.

나만 그런 건 아니다. 누구든 자기 삶에서 원하지 않는 거절을 하며 살고 있다. 그래서 인생을 사는 모두에게는 스칠 용기가 필요한 순간이 있다. 그걸 제대로 해내지 못하면, 스트레스가 쌓인다. 스트레스는 어떤 병보다 견디기 힘든 마음의 병이다. 그래서 우리는 나를 괴롭히고, 아프게 만드는 감정에서 점점 멀어져야, 그나마 숨을 쉬며 살 수 있다.

대표적으로 이런 고민과 걱정에서 벗어나야 한다. '저 사람 부탁을 들어주지 않으면, 혹시 주변에 나에 대한 나쁜 이야기를 하고 다니는 건 아닐까?', '모든 사람에게 좋은 이미지로 남고 싶어. 그러니 힘들지만, 이번에도 나서서 문제를 해결해 줘야 하겠지?' 이런 생각 때문에 자신도 힘들면서 자꾸만 이런저런 걱정을 하면서 타인을 돕고, 결국 스스로 곤경에 처하게 된다. 그리곤 늘 이런 결론으로 모든 불행이 끝난다. "내가 너 때문에 얼마나 힘들었는데, 믿음에 대한 결과가 겨우 이거냐!"

무엇보다 중요한 건 나의 마음 건강이다. 내 마음이 건강해야 남도 있는 것이고, 주변도 존재할 수 있다. 또한 그런 마음 상태를 유지해야 남을 도울 수도 있다.

그래서 가끔은 강의료도 묻지 않고 수락하는 강연도 있다. 상대에게서 무엇보다 귀한 소중한 마음이 느껴질 땐, 다른 건 하나도 고려하지 않고, 무조건 진행한다. 즉, 스칠 건 스쳐야 꼭 잡아야 할 것을 잡을 수 있다. 모든 결정의 중심에는 언제나 내가 있어야 한다. 거절하고, 의심받는 과정을 조금도 두렵게 생각하지 말자. 모든 것은 더 나은 내가 되는 과정에 불과하다. 그 사실을 기억하고, 늘 자신의 마음 건강을 가장 중심에 두고 판단하라.

"내가 불편하면 모든 게 불편하고,

내가 편하면 모든 게 편안해진다.

내가 좋아야 모든 게 좋은 것이고,

내가 만족하고, 웃을 수 있어야

나도 좀 더 나은 사람이 될 수 있다."

12월은 여전히 낯선 나를
만나는 달이다

58

태양과 물 그리고 충분한 빛을 받으면,
비로소 싹이 조금씩 돋는다.
빨리 성장시키기 위해서
힘으로 잡아당긴다고 싹이 돋는 건 아니다.
그런 선택은 오히려 더 빨리 죽게 만든다.
삶을 구성하는 다른 것들도 이와 다르지 않다.

Ludwig Josef Johann Wittgenstein

우리의 삶을 구성하는 모든 것에는 순리라는 게 있다. 노력하면 억지로라도 뭐든 해낼 수 있을 것 같지만, 일시적인 착각일 뿐, 결국에는 모든 것이 자기 자리를 찾아간다. 나와의 관계도 마찬가지다. 세상에는 수많은 모임이 존재한다. 12월은 그 모든 모임이 순식간에 폭발하는 기간이라 만날 장소를 예약하는 것조차 힘들다.

당신 말이 맞다. 그리운 사람이나, 가까워지고 싶은 사람을 만나 정을 나누는 일도 참 중요하다. 하지만 나는 살면서 지금까지 12월에 그런 방식의 모임에 참여한 적이 단 한번도 없다. 이유는 매우 간단하다. 아무리 살아도, 여전히 내게 낯선 '나'라는 사람을 더 깊이 이해하는 기간을 12월로 정해서 그렇다. 평소에도 나 자신을 자주 만나려고 하지만, 12월에는 좀 더 집중해서 낯선 나를 만나려고 노력한다.

오늘도 새벽 3시에 일어나, 3시라는 시간이 아닌 공간에서 나는 나라는 존재에 대해서 오랫동안 생각했다. 그리고 나 자신에게 이런 말을 기도처럼 들려줬다. "누군가에게 도움을 주고 싶다면, 나는 어제보다 강하고, 든든한 내가 되어야 한다. 마음만으로 강해질 수는 없으며, 소리만 친다고 이루어지는 일은 없다." 이런 내게 12월은 여전히 낯선 나를 만나며, 혼자를 축제처럼 즐기는 시간이며, 사랑하는 사람들과 더 따뜻하게 함께 지낼 수 있게 내가 나를 준비하는 시간인 셈이다.

"12월에는 여전히 낯선 자신을 만나며,

무리에서 떨어져 혼자로 지내보자.

당장은 조금 고독할 수 있지만,

나와의 멋진 조우를 통해서

이후의 나날이 좀 더 따뜻해질 것이다."

지혜롭게 배려하며 전하는
3가지 조언의 기술

59

어떤 사람은 인간을
사는 사람과 파는 사람으로 결정했다.
그는 사는 사람이 파는 사람도 될 수 있다는
놀라운 사실을 잊은 것이다.
만약 그 사실을 알게 된다면,
그가 구사하는 문법도 달라질 것이다.

Ludwig Josef Johann Wittgenstein

"세상에 조언 듣기를 좋아하는 사람은 없다." 누구나 알고 있는
사실이다. 하지만 그럼에도 상대를 정말 아끼고, 사랑하는 마음에,
도움이 될 이야기를 하고 싶다면, 상대 입장을 고려해서 몇 번 더
깊이 생각하고, 말하면 된다.

이를테면, 이런 방식이다. 자꾸 슬픈 음악만 듣고, 슬픈 생각만

하는 사람이 있을 때, 보통의 경우에는 "슬픈 음악만 들으니까 자꾸 슬픈 생각만 들지! 좀 밝은 음악도 듣고 그래라."라고 조언하게 된다. 하지만 그건 상대에게 좋은 영향을 주기 힘들다. 상대의 마음을 고려해서 나온, 몇 번 더 생각한 결과물이 아니기 때문이다.

대신, 성급하게 입을 열고 싶다는 충동이 생길 때마다 이런 이미지를 허공에 그려보라. 말은 겉면 곳곳에 칼처럼 날카로운 돌기를 박은 커다란 암석이다. 닿기만 해도 마음의 결이 찢어지는 날카로운 돌기 부분은, 더 많은 생각을 통해서만 평평하게 다듬을 수 있다. 다음 3단계 과정을 통해 우리는 말을 예쁘게 다듬고, 가장 적절한 표현을 상대에게 전할 수 있다. 이 3단계 과정은 내가 책을 낼 때마다 반복해서 소개하고 싶을 정도로 농밀한 내용을 담고 있으니, 급하게 생각하지 말고, 차분하게 읽으며, 생각해 보자.

1. 고통을 완화하는 표현을 찾아라.

"어떤 표현이 그의 마음을 아프지 않게 할 수 있을까?" 이 질문이 모든 것의 시작이다. 말은 상대가 들었을 때 아프지 않아야, 그 효과를 발휘할 수 있다. 아무리 좋은 마음과 의도를 품고 있어도, 상대에게 고통을 준다면, 좋은 의도는 모두 사라지고, 악의만 남게 된다. 이 질문을 통해 우리는 직접적으로 표현하기보다는 현재의 그를 인정하는 방식의 표현을 쓰는 게 좋겠다는 결론을 낼 수 있다. 나의 주관에서 나온 밝은 음악이 아닌, 지금 그가 즐기는 슬픈 음악에 초점을 맞춰서 생각하자는 답을 찾게 되는 것이다.

2. 마음을 이해하게 되는 표현을 찾아라.

"그는 왜 슬픈 음악을 좋아하는 걸까?" 초점을 슬픈 음악에 맞췄다면, 이번에는 이런 질문으로 그의 마음을 하나하나 이해하려는 시도를 하는 게 좋다. 가장 좋은 말과 표현은 결국 상대에 대한 온전한 이해에서 나오니까. 그럼 자연스럽게 그의 일상과 과거의 기억을 살펴보며, 돌아가신 부모님이 그런 음악을 즐겼거나, 최근 힘든 일이 있어서 슬픈 음악을 자주 들었다는, 깊은 생각이 아니라면 몰랐을 사실을 새롭게 알게 될 것이다.

3. 그를 나아지게 만들 표현을 찾아라.

"그의 장점과는 무슨 관계가 있을까?" 그의 현재와 과거를 모두 이해하게 되었다면, 이제 그의 미래를 위한 질문을 던질 차례다. 과거를 좋은 발판으로 삼아서 그가 좀 더 나은 미래를 구상하게 하려면, 어떻게 해야 할지 생각해 보라. 그럼 이런 방식의 조언을 떠올릴 수 있게 된다. "슬픈 음악이 힘든 시간을 이기는 데 많은 도움이 되지.", "때로는 슬픈 음악이 살아갈 힘이 되는 것 같아."

놀랍게도 이렇게 접근해서 표현하면, 상대의 입에서 애초에 당신이 하고 싶었던 말을 들을 수 있게 된다. "아, 제가 슬픈 음악만 자주 듣긴 하죠. 이제는 밝은 음악도 좀 들어보려고 해요. 그럼 기분도 하루도 모두 달라질 것 같아요."

당신이 하고 싶은 이야기를 직접적으로 총을 쏘듯 전하지 않고, 이렇게 몇 번 더 생각한 끝에 나온 말을 전할 수 있다면, 상대도 변할 것이며, 모든 것이 아름답게 흘러갈 것이다.

필사할
문장

"단지 말하고 싶다는 욕망이

더 생각하려는 의지를 꺾지 않을 때,

나의 입에서 나오는 말은

하나의 예술 작품이 되어

두 사람이 머무는 공간을 아름답게 만든다."

김종원의 세계철학전집
✕
비트겐슈타인 for 언어

5장

독서와 쓰기

: 우리는 자신이 설명할 수 있는 것만 발견할 수 있다

Ludwig Josef Johann Wittgenstein

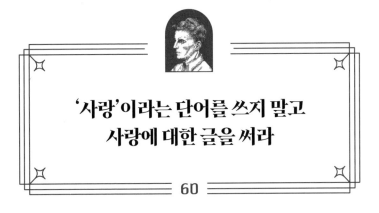

'사랑'이라는 단어를 쓰지 말고
사랑에 대한 글을 써라

60

나를 쳐다보는 타인을 바라보지 말고,
너 자신을 맹렬히 바라보라.
너는 지금 타인을 의식하고 있다.
이 얼마나 비열한 짓인가.

Ludwig Josef Johann Wittgenstein

"어떻게 글을 써야 잘 쓸 수 있나요?", "저도 작가님처럼 글을
잘 쓰고 싶어요!" 글쓰기 방법을 묻는 각종 질문에 아마추어는 이
렇게 답한다. "24시간 내내 글만 생각합니다." 그러나 프로의 답
은 전혀 다르다. "저는 살면서도 글을 잊은 적이 없고, 쓰면서도
삶을 잊은 적이 없습니다." 전자는 종일 글만 바라보며 산다는 말

이고, 후자는 글이 곧 삶이 되고, 다시 삶이 글이 되는 농밀한 일상을 산다는 말이다. 다시 말해서, 전자는 글이라는 '남'만 매일 바라보며 살고 있다. 사람들만 관찰하며 글을 쓰니, 정작 정말 중요한 '나'에 대한 이야기가 없어서, 인사이트가 전혀 없는 글만 쓰게 된다.

누구나 최선을 다해서 산다. 이처럼 아마추어나 프로의 대답이 향하는 방향은 모두 같지만, 그 섬세한 표현은 매우 다르다. "저도 열심히 살아요!"라고 외치지만 말고, 자기 삶을 표현했을 때, 그 말을 들은 상대방이 머릿속에 '이 사람은 정말 열심히 사는구나.'라는 생각이 들게 해야 한다.

사랑에 대한 글을 쓴다고 해보자. 나는 글쓰기를 시작한 후배들에게 이렇게 조언한다. "사랑에 대한 시를 하나 써봐. 대신 '사랑'이라는 단어는 쓰면 안 돼. 다 읽고 나서 사랑이 그려지게 해야해." 사랑에는 사랑의 감정이 존재하지 않는다. 그건 그저 하나의 약속일뿐이다. 뭐든 글을 쓰고 싶다면, 전하려는 메시지를 그대로 쓰지 마라. 다만, 다 읽었을 때 메시지가 그려져야 한다.

"글로 전하려는 그 마음을

상대가 허공에 그리게 해야 한다.

그게 바로 글쓰기의 핵심이다.

물론 쉬운 일은 아니다.

그래서 글쓰기란 마음을 전하는

아주 기나긴 여행이다."

글로 표현할 수 있어야
안다고 말할 수 있다

61

언어는 만물의 척도이다.

Ludwig Josef Johann Wittgenstein

1911년, 비트겐슈타인은 영국 케임브리지 대학으로 달려가 영국의 철학자이자 대학자 버트런드 러셀 교수를 만났다. 당시 미래를 고민하던 비트겐슈타인은 러셀을 따라다니며, 자신의 인생을 바꿀 질문을 던졌다. 매우 중요한 지점이니 그들이 나눈 짧은 대화를 집중해서 읽어보라.

비트겐슈타인: 저에게 철학적 재능이 있을까요?

러셀: 글 써와(그럼 내가 판단해 주지)!

그는 실제로 돌아가서 치열하게 글을 썼고, 스승 러셀에게 보여줬다. 제자 비트겐슈타인의 글을 읽고, 러셀은 그가 장차 위대한 철학자가 될 것이라고 확신한다. 단지 제자가 쓴 글 하나를 읽고 반해서, "비트겐슈타인은 내 꿈, 바로 그 자체입니다."라고 외치기도 했다. 대가들은 서로 이런저런 이야기를 나누지 않는다. 요즘 세상에서는 대가들만 그런 게 아니다. 어디에서든 글로 써서 보여주지 않으면, 자신의 능력과 비전을 보여줄 수가 없다.

1. 무엇을 알고 있는지
2. 무엇을 알려고 하는지
3. 그래서 무엇이 되려고 하는지

글이야말로 이런 내용을 쉽게 알 수 있는 도구여서 그렇다. 반대로 말해서 위에 열거한 3가지를 자신의 글에 담지 못하는 사람들은 아무리 많이 배우고, 지식을 쌓아도, 자신의 자리를 찾기 매우 힘들다. 이 사실을 잊지 말고, 다음에 소개하는 5줄을 당신의 내면에 문신처럼 새겨라.

"안다고 아무리 간절하게 외쳐도,

세상은 당신 안에 무엇이 있는지

조금도 짐작할 수 없다.

단 하나, 글로 표현할 수 있어야,

안다고 말할 수 있다."

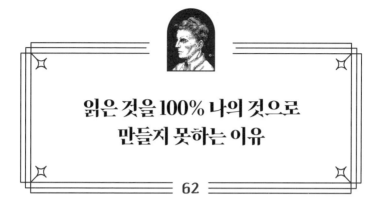

읽은 것을 100% 나의 것으로
만들지 못하는 이유

62

이 사물에 대해서 왜 말하는지
이해하지 못하는 사람은,
그저 우리가 말하는 것을
공허한 놀이처럼 느낄 수밖에 없다.

Ludwig Josef Johann Wittgenstein

　세상에서 가장 강한 사람은 힘이 강한 사람이 아닌, 혼자 있는
시간을 행복하게 즐길 수 있는 사람이다. 그런 사람이 되려면, 독
서를 적극 '이용'해야 한다. 내가 이용을 강조한 이유는, 독서는 대
표적으로 공평하지 않은 지적 수단이어서다. 독서는 자신을 이용
하는 사람의 수준에 따라 전혀 다른 것을 내어준다. 참 영악하게

도 책이라는 놈은 그 사람의 수준에 맞는 것만 골라 전해준다. 책 입장도 이해할 수 있다. 이해할 수 없는 수준의 것은, 아무리 공급해도 제대로 흡수할 수 없어, 자신만 괴로워지기 때문이다. 여기에서 변하지 않는 진리, '깨달음은 주는 사람이 아닌, 자기 자신의 것'임을 알 수 있다.

그래서 참 안타깝게도 독서를 제대로 이용하지 못하는 사람들은 단지 자신이 글을 읽을 수 있다는 것만 확인한 채 마지막 페이지를 덮는다. 아, 그들은 왜 독서가 좋은지 그 이유를 평생 알 수 없다. 무언가를 얻은 적이 없기 때문이다. 그들의 공통점은 바로, 혼자서 보내는 시간에 매우 약하다는 사실이다. 혼자 놔두면, 어쩔 줄을 몰라서 누군가를 찾아 떠난다.

세상에는 유독 혼자 있는 시간을 견디지 못하는 사람들이 있다. 그들은 둘이 같이 있더라도, 대화가 끊긴 조용한 시간을 견디지 못해 자꾸만 쓸데없는 말을 하면서, 여러 사람이 모인 공간의 분위기를 흐린다. 그 자리에 있는 모든 사람이 마음속으로 그가 적당히 말하기를 바라지만, 그는 반대로 '내가 있어 그래도 모임이 활기를 띤다.'라고 착각하며, 더 많이 말하고, 덜 듣는다.

안타깝지만, 혼자 있는 시간과 조용한 시간을 견디지 못하는 사람은, 아무리 주변에서 좋은 말로 조언하고, 말려도, 말하려는 그 버릇을 고치지 못한다. 내가 여기에서 '버릇'이라고 표현한 이유는, 누구든 자신을 스스로 바꾸겠다고 마음만 먹으면, 지금 당장이라도 충분히 혼자를 즐기는 삶을 살 수 있다고 생각해서다. 자, 그럼 과연 어떻게 하면 그 고난의 삶에서 벗어날 수 있을까? 다음에 소개하는 글을 낭독하고, 필사하면, 그 길을 찾을 수 있을 것이다.

"나는 나 자신에게 통렬하게 묻는다.

나의 독서는 나의 삶을 나아지게 하는가?

나의 독서는 나를 더 큰 사람으로 만드는가?

그런데 왜 바꾸지 않는가?

왜 늘 같은 방식으로 읽고 있는가?

왜 늘 같은 수준에 머물러 있는가?

기억하자, 오직 약한 인간만이

고통보다 안락함을 추구한다."

읽은 것을 100% 나의 것으로 만드는
5가지 방법

63

피상적인 대화를 할 바엔
차라리 멋지게 충돌하는 게 낫다.
다치는 게 두려운 사람은
영원히 정직하게 생각할 수 없다.

Ludwig Josef Johann Wittgenstein

아래 5가지 방법을 당신의 독서에 적용하면, 일단 독서가 좋은 이유가 무엇인지 새롭게 깨닫게 될 것이다. 그리고 책에서 읽은 것을 자신의 삶에 긍정적으로 이용하는 법을 깨우치게 되면서, 독서의 진정한 기쁨을 누리게 될 것이다. 또한 혼자 있는 시간을 사랑하게 되는 일상이 부록처럼 당신의 품에 안길 것이다. 아래 5가지 방법은 필사하기에는 좀 길다. 그래도 필사하라. 당신의 읽는 수준을 바꿀 글이니, 힘든 시간을 투자할 가치가 충분하다. 피상적인 대화를 할 바엔 차라리 멋지게 충돌하는 게 낫다고 말한 비트겐슈타인의 말처럼, 피상적인 독서에서 벗어나고 싶다면, 반드시 암기할 정도로 내면에 담아야 할 말이다.

1. 혼자 남는 연습을 하라.

독서는 단순히 '글을 만나는 것'이 아니라, 그걸 읽는 '혼자인 나를 만나게 해주는' 소중한 지적 수단이다. 살면서 혼자 남겨지는 시간은 쉽게 주어지지 않는다. 그러나 책을 읽을 때는 언제나 혼자인 나를 만날 수 있다. 공간의 개념을 말하는 것이 아니다. 곁에 수많은 사람이 존재하거나 스쳐도 괜찮다. 나의 정신이 온전히 글을 향한다면, 언제라도 나는 혼자 있는 것이다. 하루 30분 독서를 한다면, 하루 30분 혼자 있는 연습을 한 것과 같다. 책을 잡고, 펴는 것은 나의 닫힌 내면의 페이지를 펴는 것과 같다. 그 시간의 소중함을 깨달아야 혼자 있는 법을 배울 수 있고, 독서의 가치를 높일 수 있다.

2. 질문이 멈추면 성장도 멈춘다.

스스로 질문을 던진 덕분에 우리는 시선을 다음 문장으로 옮길 수 있다. 읽는다는 것은 질문한다는 것이다. 문장 하나를 읽을 때마다 문장에 질문해야 한다. 우리가 질문하지 못하는 이유는 안타깝게도 질문할 능력이 없거나, 그저 책을 공격하듯 읽으면서 쌓아나가는 것을 목적으로 읽거나 둘 중 하나다. 질문할 능력이 없어서 하지 못하는 것보다 보여주기 위한 과시용으로 쌓는 목적으로 읽는 것이 더 최악이다. 질문하지 않으면, 1,000권을 읽어도 한 줄도 읽은 것이 아니다. 책에 "세상은 평평하다."라는 글이 쓰여 있으면, "세상은 왜 평평한가?", "세상은 왜 평평해야 하나?"라는 질문을 바로 던져야 한다. 그래야 비로소 읽었다고 할 수 있고, 다음 문장에서 자신만의 답을 찾을 수 있다.

3. 질문을 통해 상상할 수 없던 답을 낼 수 있다.

2번과 이어지는 과정이다. 우리는 최고의 답을 찾을 수 있다. 다만, 최고의 질문을 한 사람에 한해서. 문장을 읽을 때마다 질문해도, 작가는 대답해 줄 수 없다. 하지만 우리는 상상의 대화를 통해 답을 얻을 수 있다. 내질문에 대해 '작가라면 아마 이렇게 답해줄 것'이라고 생각하는 것을 스스로 답하며, 읽어 나가면 된다. 질문하고, 답하며, 상상력을 키울 수도, 몰랐던 분야에 대한 지식을 쌓을 수도 있다.

4. 100가지 방법은 하나의 문장에서 나온다.

독서는 매우 섬세한 손길이 필요한 예술적인 행위이다. 무엇이든 예술의 단계에 이르면, 대상의 가능성은 측정할 수 없을 정도로 풍부해진다. 독서도 그렇다. 나는 한 페이지에 쓰여 있는 글을 서로 다르게 조합해서, 책 한 권으로 만들 수도 있다. 그건 내가 쓰기 능력이 뛰어나서가 아니라, 위에서 언급한 한 줄을 읽을 때마다 다른 질문으로 다른 답을 찾아낼 수 있는 덕분이다. 모든 책은 가능성이다. 자녀 교육 도서에서 자기 계발 메시지를 얻을 수 있고, 종교 도서에서 기획자가 명심해야 할 원칙을 발견할 수도 있다. 경계를 허물자. 그럼 수많은 방법이 보인다.

5. 앉아서 다른 세계를 탐구할 수 있다.

책은 작가가 그 세계를 살았던 기록을 모은 결과물이다. 18세기에 쓴 괴테의 책을 읽으면, 18세기 독일의 건축 양식, 음악의 트렌드, 언어를 배우는 방법 등 수많은 양식에 대해 배울 수 있다. 단순하게 글만 읽는 것은, 우리가 책을 읽어 얻을 수 있는 것의 1%도 얻지 못하는, 매우 비생산적인 접근이다. 한 문장에 하나의 세계가 숨 쉬고 있다. 그걸 잊지 말라. 단어 하나도 쉽게 지나치지 말라. 한 사람이 거기에서 울고 있을 수도 있으니, 표현 하나에도 이유를 발견하자. 모든 것은 발견하는 자의 몫이다.

손이 무엇을 쓰는지
머리도 알게 하라

64

언제나 나는 글을 쓰며,
펜으로 생각하고 있다.
손이 무엇을 쓰고 있는지
머리가 모르는 일이 흔히 있기 마련이니까.

Ludwig Josef Johann Wittgenstein

비트겐슈타인을 논할 때 '언어'와 '생각'을 빼고는 말할 수 없다. 그는 늘 "더 수준 높은 언어란 무엇인가?"라는 질문을 가슴에 품고 살았다. 그래서 그의 삶을 돌아보며, 그를 추억하는 것만으로도, 우리는 그가 평생을 바쳐서 얻은 언어와 생각에 대한 지혜를 얻을 수 있다.

그의 한마디를 통해서 우리는, 손이 지금 무엇을 쓰고 있는지 머리가 알 수 있을 때까지 기다리는 일이 바로 글쓰기라는 사실을 알 수 있다. 그래서 글쓰기를 통해 우리는 나 자신에 대해서 좀 더 깊이 알게 된다. 마음에 담은 것이 머리로 올라가서, 다시 손으로 내려오는 긴 과정을 통해, 지난 시간 동안 내가 무엇을 보고, 느꼈는지 제대로 알게 되어서다. 쓰면 쓸수록 우리는 점점 나아지고, 희미하던 미래는 점점 선명해진다.

글쓰기의 이런 가치에 관해 많은 사람이 알고 있어서, 일상의 글쓰기를 실천하고 있다. 그런데 참 놀랍게도 평일에는 자기 생각을 다양하게 글로 표현하던 이도, 주말이 되면 거의 포스팅을 하지 않는다. 공감도 댓글도 마찬가지로 적다. 물론 휴식도 필요하다. 하지만 나는 그런 광경을 보면, 이런 3가지 생각이 든다.

1. 주말에는 생각도 쉬나?
2. 그럼 그에게 생각도 일이었나?
3. 주말은 인생에서 없는 시간인가?

만약 이 모습을 목격했다면, 펜으로 늘 생각한다고 했던 비트겐슈타인도 나와 같은 질문을 던졌을 것이다.

"생각하지 않으면 쓸 수 없고,

쓰지 않고 지난 하루는 흩어져서,

인생에 없는 시간이라고 볼 수 있다.

인생을 나아지게 만들고 싶다면,

생각을 글로 써서 머리도 알게 하라.

글로 쓰는 사람만이 자신이라는 존재를

이 세상이라는 종이 위에 제대로 쓸 수 있다."

사물의 가치를
제대로 발견하게 돕는 언어

65

언어 구사 능력을 높이고 싶어서 자꾸 이것저것을 배우고, 공부하려는 사람이 많다. 하지만 대부분의 경우, 그런 시도는 만족스럽지 않은 결과를 맞이하게 된다. 이유는 간단하다. 그게 핵심이 아니기 때문이다.

자, 지금부터 내 이야기를 잘 들어보라. 그 사람이 자주 쓰는 언어가 그 사람의 안목을 결정하는 이유는, 우리는 모두 언어라는 렌즈를 통해 사물을 관찰하기 때문이다. 중요한 지점을 하나 전한다. 사물의 가치를 제대로 판단하려면, '높다'와 '낮다' 그리고 '비싸다'와 '싸다'를 제대로 구분해서 사용해야 한다. 물건을 살 때 "가격이 비싸다." 혹은 "가격이 싸다."라는 말을 자주 사용한다. 동시에 "가격이 높다."와 "가격이 낮다."라는 표현도 사용한다.

이렇듯 사물의 가치를 제대로 발견하기 위해서는, 그 단어의 의미를 혼용해서 사용하지 않아야 한다. 분명한 기준이 필요하다. 높거나 낮다는 표현은, 다른 기준에 있는 사물을 판단할 때 사용하는 단어이지만, 비싸다와 싸다는 표현은 같은 기준에 놓인 사물을 판단할 때 사용하는 단어이다. 같은 급의 중고 자동차를 구매할 때, 우리는 비싸다와 싸다를 사용하지, 높거나 낮다는 단어는 쓰지 않는다. 높거나 낮다는 표현은 다른 급의 중고 자동차를 구분할 때 사용하는 표현이기 때문이다.

"'그게 그렇게 중요한가?'라며

반박할 수도 있다.

하지만 인생을 자세히 살펴보면,

미세한 언어가 각자 최선을 다해

하나하나 모여 만들어진,

농밀한 결정체라는 사실을 알 수 있다.

언어는 곧 그 사람의 인생이다."

즐기지만 말고
즐겼던 순간을 글로 써서 남겨라

66

나는 왜 우리가 여기에 있는지
그 이유에 대해서는 알지 못한다.
그러나 나는 우리가 단지
즐기기 위해서 여기에 있는 것은
아니라는 그 사실만큼은 확신한다.

Ludwig Josef Johann Wittgenstein

세상에 즐길 수 있는 건 참 많다. 음식과 술, 온갖 게임과 유튜브 등 우리를 유혹하는 것은 참 달콤하다. 하지만 그렇게 달콤한 것들만 추구하며 살다가는, 조만간 쓰디쓴 인생을 경험하게 될 것이다.

물론 먹는 건 인간에게 매우 중요한 일이다. 그렇다고 너무 많은 시간과 정성을 거기에만 쏟으면 곤란하다. 당신이 '오늘은 뭘 먹을까?'라는 생각으로 보내는 시간의 딱 절반만 '오늘은 뭘 글로 써볼까?'라는 생각에 투자할 수 있다면, 당신이 보낼 하루를 더욱 농밀하게 만들 수 있다.

즐기는 삶도 중요하지만, 그 즐긴 순간을 오랫동안 가치 있게 만들기 위해서는, 즐겼던 순간을 글로 기록하는 게 좋다. 기록하면 기억이 되고, 어떤 마음으로 무엇을 즐겼는지 알 수 있으며, 감정까지 남길 수 있어서, 글의 수준이나 가치와는 상관없이 무조건 자신에게 이득이다.

필사할 문장

"즐기기만 하는 건,

감정이 없는 기계의 일이다.

하지만 기록하는 순간,

그 페이지에 감정이 꽃처럼 피어난다."

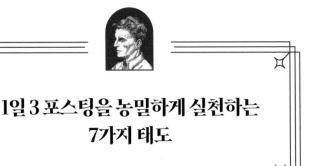

1일 3 포스팅을 농밀하게 실천하는 7가지 태도

67

정성을 다해 가꾼 아름다운
장미 정원을 차분히 관찰해보라.
대지에는 퇴비와 썩은 짚, 오물이 있다.
벌레까지 오가는 그런 암울한 곳에서
장미는 홀로 아름답게 싹을 틔운다.
글도 그렇게 정원에 핀 장미와 닮았다.
당신이 지금 쓰고 있는 그 서투른 글이
이내 훌륭한 글로 자신을 꽃피울 것이다.

Ludwig Josef Johann Wittgenstein

좀 더 수준 높은 인생을 살고 싶다면, 이제 글쓰기는 필수다. 모두가 자기 삶의 작가가 되어야 한다. 이때 말하는 작가란, 베스트셀러를 낸 사람도, 수많은 책을 발간한 사람도 아닌, 지금 글을 쓰는 사람을 말한다. 그 가치를 아는 사람들이 지금도 각종 SNS를 통해 매일 습관처럼 글을 쓰고 있다. 하지만 참 쉽지 않다.

글을 쓰면 나아진다는 사실은 누구나 알고 있다. 다만, 너무나 더디고 지루하며, 고통스러운 시간을 관통해야 하니, 포기하게 된다. 그래서 우리는 먼저 자신의 인생을 살아야 한다. 그다음에야 비로소 자신의 철학을 글로 쓸 수 있어서다. 그런 삶을 살기 위해서는 1일 3 포스팅을 하면서, 이런 사항을 반드시 지킬 필요가 있다. 짧게 압축해서 본질만 전달하니, 낭독과 필사로 당신의 문장으로 만들어 보라.

필사할
문장

1. 잘 쓸 필요는 없다.

→ 어차피 잘 쓰기 힘들다.

2. 시간을 너무 투자하지 마라.

→ 투자한다고 나아지지 않는다.

3. 대화를 많이 넣어라.

→ 말하듯이 쓰는 비결이다.

4. 시간을 정해서 쓰지 마라.

→ 글은 24시간 내내 쓰는 거다.

5. 분야를 가리지 마라.

→ 봤다면 뭐든 쓸 수 있다.

6. 오타나 문법 오류 걱정은 버려라.

→ 시간이 지나면, 어차피 알게 된다.

7. 사람들 반응에 하나도 신경을 쓰지 마라.

→ 내가 원하는 글을 썼다면, 그걸로 끝이다.

평생 성장을 멈추지 않게 만드는
2가지 조건

68

1시간 후, 나는 죽을 수도 있다.
그렇다면 이 순간을 극복하기 위해서
나는 어떻게 살아가야 하는가?

Ludwig Josef Johann Wittgenstein

자기 생각이나 느낌을 적절한 말로 표현하지 못하게 되면, 괜히 자신에게 화가 나거나 분노하게 된다. 하지만 때로는 말로 표현할 수 없는 것도 있으니 좌절하지 말고, 정진해야 한다. 그래서 독서든 공부든 재테크든 무언가를 통해 당신이 조금이라도 나아진 삶을 원한다면, 꼭 이 2가지를 구분해야 한다.

1. 내가 아는 것과 내가 할 수 있는 것

2. 내가 이해한 것과 내가 설명할 수 있는 것

아는 것과 할 수 있는 것은 다르며, 이해한 것과 설명까지 가능한 것도 다르다. 그냥 다른 게 아니라, 아예 다른 차원의 것이다. 차분하게 무엇이 다른지 생각해 보라. 지금 바로 '내가 아는 것'과 '내가 할 수 있는 것', '내가 이해한 것'과 '내가 설명할 수 있는 것'을 종이에 기록하는 것도 좋은 방법이다. 각각 10개씩, 총 40개를 써서 그 목록을 차분하게 읽어보라. 그럼 자신에 대해서 더 심도 있게 알게 될 것이다. 이 2가지를 구분하지 못하면, 평생 내가 아는 것과 내가 모르는 것이 무엇인지 제대로 파악할 수가 없다. 즉, 아무리 치열하게 배워도 하나도 남지 않는 삶을 살게 된다는 말이다.

비트겐슈타인은 삶의 마지막 그날까지 자기 삶을 극복하려고 분투했다. 그것은 더 나은 자신을 만들겠다는 다짐과도 같다. 삶의 마지막 날까지 이 질문을 놓치지 마라. "나는 어떻게 살아야 하는가?"

"무언가를 제대로 안다고 말하려면,

당연히 그걸 할 수 있어야 하고,

명쾌하고, 짧게 설명까지 가능해야 한다.

그 2가지가 모든 성장의 시작이다.

표현할 수 없다고, 숨거나 척하지 마라.

언제나 나 자신을 꼭 붙잡고 살아야 한다.

남의 기대와 희망에 흔들리지 말고,

당신의 인생은 스스로 흔들어라."

글을 쓰면 바로 능력이
10배가 되는 이유

69

우리는 자신이 표현하고 싶은 것을,
아무리 애를 써도 절반도 표현하지 못한다.
아니, 실제로는 절반이 아니라
고작해야 1/10밖에 안 될 수도 있다.

Ludwig Josef Johann Wittgenstein

나는 30년이나 글을 썼다. 그래서 얻은 게 뭘까? 바로 이것, '마음에 가장 가까운 글을 쓰는 법'이다. 이건 생각보다 매우 중요한 지점이다. 비트겐슈타인 역시 동의하며, 우리가 자신이 생각한 것을 1/10도 표현하지 못하고 산다고 말했다.

지금도 수많은 사람이 일상에서 무언가를 보고, 듣고, 배우며,

지식과 경험을 쌓고 있다. 하지만 그들 모두가 비슷한 세상의 평가를 받는 건 아니다. 이유가 뭘까? 자신이 쌓은 지식과 경험을 바깥으로 표출하려면, 언어를 통해서 보여줘야 하는데, 자신이 어렵게 배워서 알게 된 것을 제대로 표현하지 못해서 자꾸만 '모르는 사람'이 되기 때문이다.

같은 것을 배워도 그걸 1/10밖에 표현하지 못하는 것이 우리들의 현실이다. 극단적으로 말하면 1%도 표현하지 못하는 사람도 매우 많다. 그런데 만약 같은 공간에서 같은 것을 배웠지만, 배운 모든 것을 표현할 수 있게 된다면 어떻게 될까? 아주 간단하다. 그는 순식간에 자신의 능력을 10배로 만들 수 있다. 그래서 지금 이 시간에도 글을 쓰는 사람은 강하고, 내일을 기대하게 만든다.

지금 당신이 무언가를 여전히 표현하고 싶다면, 글로 써보라. 쓰면서 우리는 점점 표현하고 싶은 마음에 가까워지며, 그렇게 시간이 흐를수록 더욱 멋지게 성장하는 사람으로 살 수 있다. 쉽진 않을 것이다. 처음 말을 배울 때 어린아이가 말을 더듬는 것처럼, 쓰는 일상은 우리를 자꾸 더듬게 만들 것이다. 그러나 그때마다 이 사실을 기억하라.

"'글을 쓴다는 것'은

자신을 표현하기 위해서

'마음을 더듬는 것'을 말한다.

더듬고 또 더듬는 시간을 보내며,

나는 짐작하지 못할 정도로

내 가능성을 확장할 것이다."

글쓰기와 독서의 수준을 높여주는
5가지 조언

70

당신이 누구든 우리는,
먼저 인생을 살아야 한다.
그다음에야 비로소
철학을 논할 수 있다.

Ludwig Josef Johann Wittgenstein

여기에서 비트겐슈타인이 말하는 철학이란, 결국 독서와 글쓰기를 포함한 모든 지적 행위일 것이다. 자기 삶을 살지 못하는 사람의 독서와 글쓰기는 아무리 오랫동안 지속해도, 내면의 성장에 아무런 영향도 줄 수 없다. '읽는 책'이 아니라, '읽는 나'의 변화가 먼저 필요한 것이다. 이에 누구든 자기 삶을 살 수 있게 돕는 5가지 조언을 전하니, 일상의 실천과 필사로 내면에 담아주길 바란다.

1. 쉽게 술술 읽히는 글을 쓸 수는 있지만, 쓰는 과정은 결코 쉽게 술술 써지지 않는다는 사실을 잊지 말자. 그걸 알고 있어야, 일상의 과정에 도 더욱 충실할 수 있다.

2. 듣기만 해도 빠르게 이해가 되는 말은 순식간에 입에서 나오지만, 그 말을 표현하는 과정은 결코 빠르게 되지 않는다는 사실을 기억하자.

3. 세상에 문제가 없는 사람은 없다. 만약 자신에게 문제가 없다고 생각 하는 사람이 있다면, 조심해야 한다. 그는 자신의 문제를 발견할 안목 까지 없다는 증거이기 때문이다.

4. 신념은 중요하다. 하지만 너무 굳은 신념은 인생을 망친다. 생각을 할 때는 끊임없이 자세를 바꾸는 게 중요하다. 너무 오랫동안 한쪽 발만 으로 서 있으면 저린다. 삶도 마찬가지다. '굳은 신념'은 '저린 삶'을 살 게 만든다.

5. 독서는 권장하거나 추천으로 읽는 것이 아니라, 스스로 선택해서 부딪치는 것이다. 마지막 페이지를 만나려고 하는 게 아니라, 훌훌 넘기면서 나의 내면을 경탄시킬 한 줄을 만나기 위해서 하는 것이다.

◇━━━━━━━━━━━━━━━━━━━━━━━◇

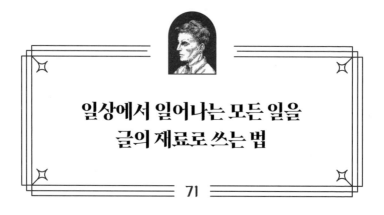

일상에서 일어나는 모든 일을
글의 재료로 쓰는 법

71

어느 누구든 어렵다는 이유로,
자기 내면으로 아주 깊이
내려갈 마음이 없다면,
그는 피상적인 글만 쓸 것이다.

Ludwig Josef Johann Wittgenstein

누구나 말한다. "일상에 모든 글의 재료가 존재한다." 그러나
막상 그 이유를 물어보면, 왜 그런지, 어떤 방법으로 일상의 글쓰
기를 할 수 있는지 쉽게 설명해 주는 사람은 별로 없다. 나와 괴테
그리고 故 이어령 선생과 비트겐슈타인은 모두 동일한 일상의 글
쓰기를 반복하며 살았는데, 우리가 일상을 통해 글을 쓰는 방식을

간단하게 설명하면 이렇다. 온라인에서 우연히 발견한 글인데, '글쓰기'의 시각으로 변주했으니, 반드시 나의 것으로 만들겠다는 의지로 읽어보라.

"종이 봉지에 아무렇게나 넣어 놓은 사과를 방금 꺼냈다. 그러나 안타깝게도 많은 부분이 상해서 반 정도는 잘라서 버려야 했다. 그렇게 성한 사과를 입에 넣고, 방금 탈고한 글을 찾아 다시 읽어보았는데, 절반 이상이 마음에 들지 않아서 절반이 썩은 사과처럼 생각되었다."

상한 사과 하나도 이렇게 멋진 글이 될 수 있다. 이런 과정을 비트겐슈타인은 자기 내면으로 깊게 들어가서 쓴 글이라고 불렀다. 내게는 매일 이런 일이 흔하게 일어난다. 내가 경험하는 것은 무엇이든, 생각 속의 모든 일이 '텍스트의 모델'이 된다. 글쓰기는 결국 수많은 것의 결합이자 변주다. 기억과 기억을 더하는 일인 셈이다.

일상 곳곳에서 깊이 들어갈 수 있는 기억 즉, 지점을 최대한 많이 만들어라. 그럼 당장이라도 누구나 아무리 퍼도 마르지 않는 영감의 우물을 만들 수 있다.

"세상에 사소한 순간은 없다.

사소하다고 생각하며 지나가는

나약한 지성의 소유자만 있을 뿐이다.

깊이 더 깊이 들어가야,

향기까지 깊은 글을 쓸 수 있다.

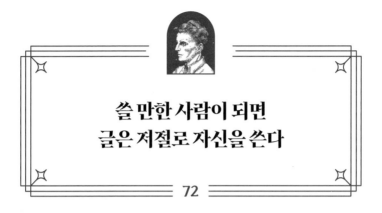

쓸 만한 사람이 되면
글은 저절로 자신을 쓴다

72

대부분 나는 자기 자신과의
대화를 글로 쓰고 있다.
나 자신과 나누는
두 사람만의 이야기를
글로 쓰고 있는 것이다.

Ludwig Josef Johann Wittgenstein

아무리 지위가 높거나 세계적으로 유명한 사람이라고 할지라
도, 그가 가장 자주 대화를 나누는 존재는 자기 자신이다. 그래서
글쓰기란, 결국 자기 자신과의 대화다. 많은 사람이 글로 써서 공
개하는 걸 두려워하는 이유 역시 간단하다. 자신과 나눈 대화라서
그렇다. 은밀할 수도 있는 자기만 아는 내밀한 이야기를 잘 모르

는 사람에게 당당하게 소개할 수 있는 사람은 많지 않다.

그럼 자신 있게 쓸 수 있는 사람이 되려면 어떻게 해야 할까? 역시 매우 간단하다. 쓸 만한 대화를 나누는 사람이 되어야 한다. 쓸 만한 대화를 나누는 사람이 되려면, 이런 각오를 해야 하며, 동시에 이런 하루를 살아야 가능하다.

1. 글이 될 수 있는 언어를 자주 구사한다.
2. 모든 용기는 진실한 마음에서 나온다.
3. 사랑이 되려는 마음을 쓰라.
4. 스스로 경험한 단어를 쓰면 당당해진다.
5. 타인의 글을 평가하지 마라.
6. 생각하면 기분 좋은 사람이 돼라.
7. 일단 쓰고, 후회는 나중에 하라.

만약 당신이 지금까지 한 줄의 글도 쓰지 못하던 사람일지라도 이런 삶을 시작한다면, 놀랍게도 바로 글을 쓸 수 있는 사람이 될 것이다. 쓸 만한 대화를 나누는 사람이 되면, 글은 저절로 자신의 모양을 완성하고, 표현하기 마련이니까.

"쓸 수 없는 인생은 애처롭다.

쓸 만한 인생을 살라.

쓸 만한 대화를 자주 하라.

자신에게 좋은 마음을 자주 전하라.

사는 나날이 곧 쓰는 나날이 되도록."

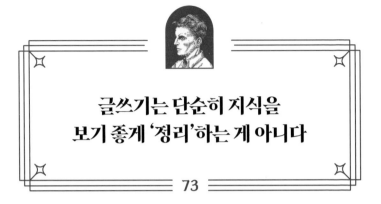

글쓰기는 단순히 지식을
보기 좋게 '정리'하는 게 아니다

73

바르게 쓴 문장에서는,
심장 또는 뇌의 한 조각이
파편처럼 떨어져 나와
종이 위에 문장으로 조용히 내려앉는다.
대부분 나의 문장은
내게 일어난 이미지를 글로 변주한 것이다.

Ludwig Josef Johann Wittgenstein

문장과 글쓰기, 관찰에 대한 이렇게 분명하고도 섬세한 설명이
또 있을까? 나도 이 6줄의 글을 당신이 쉽게 이해할 수 있도록, 최
대한 친절한 언어로 변주하기 위해 매우 애를 썼으니, 당신도 최
선을 다해 반복해서 읽고 또 읽어보라. 이걸 이해해야 앞으로 읽
을 글도 이해가 가능하다.

자, 그럼 시작해 보자. SNS에 글을 써서 올리면, 이런 식의 댓글을 자주 보게 된다. "제 생각을 정말 잘 정리해서 표현해 주셨네요." 그런데 이런 방식의 생각은 매우 위험하다. 누군가 쓴 글에 '정리'라는 표현은 그 글의 가치를 매우 낮춘 것이기 때문이다. 그 정리라는 것이 얼마나 힘든 것인지 몰라서 그렇게 말하는 것인데, 앞서 말한 것처럼 나는 지난 30년 동안 글을 쓰며, 이제 겨우 내 마음과 가장 닮은 글을 쓸 수 있게 되었다. 쓴다는 건 결코 쉬운 일이 아니며, 정리는 더욱 아니다. 자, 이쯤에서 비트겐슈타인이 내린 문장에 관한 정의를 다시 읽어보자.

> "바르게 쓴 문장에서는,
> 심장 또는 뇌의 한 조각이
> 파편처럼 떨어져 나와
> 종이 위에 문장으로 조용히 내려앉는다."

누구나 자기 생각과 마음이 존재한다. 하지만 누군가는 그 생각과 마음을 글로 매우 유사하게 표현하고, 또 다른 누군가는 그런 능력이 없어서, 누군가 쓴 글에 공감만 하며 시간을 보낸다.

글을 쓴다는 건 매우 힘들고, 어렵지만, 큰 보람이 있는 일이다. 자기 생각과 마음을 소중한 사람에게 제대로 표현할 수 있게 해주니까. 그러나 이 사실을 꼭 기억해야 한다. 세상 어디에도 늘 수확만 할 수 있는 밭은 없다. 생각도 그렇다. 지성이라는 밭을 정성스럽게 '밭갈이'를 한 후에야 지혜라는 열매를 수확할 수 있다. 이 과정을 체계적으로 해내기 위해서 우리는 매일 빠짐없이 많은 양의 글을 써야 한다. 그럼 어떤 기적이 일어날까?

한번은 중동(아랍에미리트, 카타르, 오만, 사우디아라비아, 바레인)에서 내 책《글은 어떻게 삶이 되는가》,《우리 아이 첫 인문학 사전》으로 독서 모임 활동을 하는 이들이 있다는 이야기를 들었다. 세계 각국에서 교포가 아닌 현지인에게 "책을 잘 읽었다. 앞으로 당신의 책을 계속 읽고 싶다."라는 소식도 자주 듣고 있으며, 내 SNS의 글이 최근 자신이 사는 나라에서 인기를 끌고 있다는 말도 듣는다.

글을 써서 세상에 공개한다는 것은 내 마음과 결이 맞는 사람을 내 삶에 초대하는 것과 같다. 사용하는 언어는 모두 다르지만, 비트겐슈타인이 그랬듯 글쓰기란, 심장의 한 조각이 떨어져 문장이 되는 일이며, 심장의 언어는 번역기가 필요하지 않은 세계 공통의 언어라서 그렇다.

"독서가 좋다는 사실은 누구나 알고 있다.

그러나 글쓰기는 그보다 더 위대하다.

글쓰기는 세상이 주는 영감을

매일 필사하는 일이라서 그렇다.

그래서 자연에 한계가 없듯

글쓰기에도 한계가 없다."

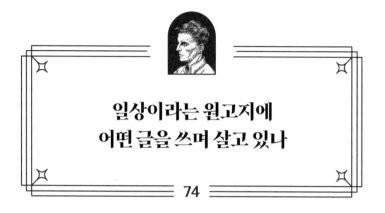

일상이라는 원고지에
어떤 글을 쓰며 살고 있나

74

자신에게 가장 잘할 수 있는 사람은,
언제나 자기 자신 뿐이다.
어느 누구도 나처럼 나를 생각해 주지 않는다.
스스로 차분하게 그리고 깊이
자신을 생각하며 살아라.

Ludwig Josef Johann Wittgenstein

한 사람의 언어 수준은, 결국 그 사람이 보낸 일상의 합으로 이
루어진다. 나는 자판으로도 글을 쓰지만, 더 많은 경우 일상이라는
원고지에 글을 쓴다. 누구든 마찬가지다. 글을 쓰려고 의자에 앉
는다고 바로 글이 나오는 건 아니다. 온종일 일상이라는 원고지에
자꾸만 글을 쓰려고 시도해야, 그게 모여 있다가 나중에 자연스럽

게 글로 탄생한다. 그래서 언어 수준을 높이려면, 삶이 매우 중요하다.

나는 건물에서 문을 열고 나올 때도, 스스로에게 언어 수준을 높일 수 있는 기회를 선물한다. 이를테면, 건물에서 문을 열다가 뒤에 누군가 따라오는 게 보이면, 문을 닫지 않고, 잠시 잡아서 뒤에 나오는 사람이 편안하게 통과할 수 있게 하는 게 예의다. 하지만 간혹 그 타이밍을 잡기 힘들어서 필요 이상으로 문을 오래 잡고 있거나, 타이밍을 맞추지 못해 뒤에 나오는 사람을 놀라게 한 적이 있다고 하소연하는 사람이 있다. 그러나 내겐 타이밍을 맞추는 법이 하나 있다. 자연스럽게 걷다가 뒤에 사람이 따라오는 게 보이면, 보조를 맞춰 적당한 여유를 두고 앞에서 걷는다. 이때 내가 먼저 나와 문을 잡아주면, 적당한 타이밍에 나올 수 있다.

"그렇게까지 해야 하나?"라고 응수할 수도 있다. 하지만 일상에서 배려와 마음, 기품이 느껴지는 삶을 살아야 그게 뭔지 알 수 있어서, 글로도 쓸 수 있으며, 자신의 언어 수준도 거기에 맞게 끌어올릴 수 있다. 배려와 마음, 기품은 갑자기 '그렇게 살아야지.'라고 마음을 먹는다고 갖춰지는 게 아니라, 그 사람이 보낸 모든 삶의 합이라 더욱 특별하다. 다른 것은 속일 수 있지만, 배려와 마음, 기품은 속일 수 없다.

"언어 수준을 높이려는 사람에게

진한 사랑은 일상이다.

나와 삶의 간격이 맞지 않지만,

조용히 다가가 타이밍을 맞춰주며,

그 자리에 오래 서서 기다리는 모습.

그렇게 전한 나의 사랑은 사라지지 않고,

모두 글이 되어서 언어 수준을 높여준다."

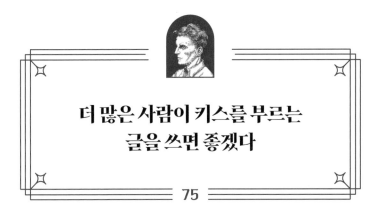

더 많은 사람이 키스를 부르는
글을 쓰면 좋겠다

75

실천하게 만들지 못하는 문자와 기호는
한낱 무늬에 불과하다.

Ludwig Josef Johann Wittgenstein

내가 운영하는 각종 SNS에 새로운 글을 써서 올릴 때마다 은근
히 기대한다. '오늘은 어떤 분이 댓글로 마음을 남겨 주실까?' 하
는 생각으로. 그러다가 댓글을 달았다는 소식이 뜨면, 저절로 좋은
이미지가 그려지는 사람이 있다. 나는 바로 이런 아름다운 기분에
들떠서 웃는다. '언제나 아이처럼 귀여운 댓글이 참 좋다.', '마음

따스해지는 댓글을 빨리 읽고 싶다.', '사랑하고 싶은 마음이 드는 댓글, 근사하다.', '와, 키스하고 싶은 댓글이다.' 반대로 이런 이미지가 그려지는 댓글도 있다. '으음, 굳이 이런 말은 뭐 하러 할까?', '아까운 시간을 내서 서로 기분 나쁘게 하네?', '조금만 표현을 바꾸면, 예쁘게 읽힐 것 같은데.', '좋은 마음만 받고, 부적절한 표현은 덮어두자.'

같은 말도, 던지는 시선에 따라 전혀 다르게 들린다. 어떤 상황에서는 "파이팅 하세요."라는 말에 힘을 얻지만, 어떤 상황에서는 같은 말도 매우 기분 나쁘게 들린다. '힘들어 죽겠는데 또 힘을 내라고?', '지금 놀리는 건가?' 싶다. 이렇게 언제나 말과 글은 참 어렵다. 그러니 이왕이면 좋은 마음이 들 때, 글을 남기는 게 좋다. 억지가 아닌 스스로 예쁜 마음을 전하거나, 안아주고 싶은 마음을 느낄 때, 그 마음을 선명하게 글로 남기면, 누가 읽어도 아름답게 읽힌다.

물론 그건 모두에게 힘든 일이다. 굳이 그런 것까지 신경 쓰지 않아도 된다고 생각할 수도 있다. 하지만 말과 글을 사랑하며, 그것이 우리 삶에 얼마나 막대한 영향을 미치는지 알고 있는 사람이라면, 이야기는 다르다. 화려한 언어가 필요하지 않을 정도로 행복과 기쁨으로 마음이 충만할 때, 그리고 좋은 마음을 꼭 전하고 싶을 때 글을 쓰면, 그 글은 아름답게 읽혀서, 쓰고, 읽는 두 사람을 밤하늘에 뜬 별과 달처럼 빛낼 수 있다.

필사할
문장

"지금보다 더 많은 사람이

분노를 부르는 글은 지우고,

키스를 부르는 글을 쓰면 좋겠다.

사랑하는 연인에게 사랑을 고백하듯,

자꾸만 더 좋은 마음이 드는 글을 써서,

세상을 좀 더 밝게 빛내자."

진짜 고전은 단순히 오래된 책이 아니라
내가 오랫동안 실천한 글을 말한다

《논리-철학 논고》라는 책은 매우 얇다. 이해를 돕기 위해 나열한 주석을 제외하면, 책으로 100페이지 정도에 불과할 뿐이다. 이유가 뭘까? 보통은 내용이 많지 않으면, '주제에 대해서 제대로 몰라서.' 혹은 '더 쓸 말이 없어서.'라고 생각하게 된다. 하지만 이 책은 그렇지 않다. 비트겐슈타인이 늘 강조한 것처럼 대중이 그가 쓴 책을 자주 반복해서, 철저히 하나하나 읽기를 바랐기에 그렇다.

실제로 그는 자신의 친구 램지와 스승 러셀에게 한 달 동안 한 문장씩 설명하며, 책 한 권을 반복해서 읽었다. 스승에게까지 반복해서 아주 천천히 읽게 한 이유가 뭘까? 그만큼 중요한 내용이라서? 답은 전혀 다른 곳에 있다. 바로 여기.

"그러나 여러분들은 조금도 걱정할 필요가 없습니다.
저는 여러분들이 결코 제가 쓴 글을
이해하지 못할 거란 사실을 알고 있으니까요."

비트겐슈타인이 케임브리지 대학에서 박사 학위 심사를 받을 때, 스승인 동시에 면접관인 러셀에게 한 말이다. 동시에 그가 자신의 책을 아주 천천히 반복해서 읽게 한 것도 같은 이유다. 20세기를 대표하는 가장 영향력 있는 철학자 중 한 명으로 꼽히는 러셀에게도 그의 글은 쉽지 않았다. 자신이 가르친 제자에게 그런 말을 듣고도 별다른 반박을 하지 못했으니 말이다. 그럼 이제는 스스로에게 이런 질문을 한번 해봐야 한다. "그런 시대를 대표하는 천재들도 이해하지 못하는 글을 내가 어떻게 읽고, 이해할 수 있나? 이게 독서가 가능한 건가?" 맞는 말이다. 그게 바로 내가 치열하게 연구한 끝에, 누구나 쉽게 이해할 수 있도록 이렇게 철학 전집을 만든 이유다.

철학과 고전은 당연히 읽으면 좋다. 지금은 세상을 떠난 가수 故 신해철 역시 그를 동경하며, '나도 한번 그처럼 살아보고 싶다.'

라는 마음으로, 자신이 만든 밴드 이름을 '비트겐슈타인'으로 짓기도 했다. 하지만 모두가 그들이 말하려는 내용을 이해하기는 쉽지 않다. 그 시대의 천재들이 치열하게 평생을 연구한 결과라서, 해독하려면 더 많은 시간을 투자해야 하기 때문이다. 그래서 내가 16년이라는 시간을 투자하여, 최대한 현실에 맞게 변주해, 빠른 이해와 실천이 가능하도록 만든 것이다.

여기까지 읽었다면, 아마 이 책을 다 읽은 후일 것이다. 하지만 이 책은 한 번 읽고, 끝낼 책이 아니다. 다음에 소개하는 마지막 문장을 낭독하고, 필사하며, 왜 그래야 하는지를 스스로 느껴보라.

"독서와 실천 사이에는 간극이 있다.
그 간극은 오직 '이해'로만 연결할 수 있다.
이해한다는 것은 비로소 우리가 읽은 내용을
실천하지 않으면 안 된다는 것을,
스스로의 경험으로 깨달았다는 사실을 의미한다.
실천이 수반되지 않는 죽은 독서는
단순히 잉크가 묻은 자리를 지나가는 것에 불과하다.
이제 이해를 동반한 치열한 실천으로,
잉크가 묻은 자리마다 생명이 태어나게 하라."

그러니 그대여,
끊임없이 시작하라.

내 언어의 한계는 내 세계의 한계이다

ⓒ 김종원 2024

초판 1쇄 발행 2024년 5월 29일
초판 17쇄 발행 2024년 12월 3일

지은이   김종원
편집인   권민창
책임편집   윤수빈
디자인   김윤남
책임마케팅 김민지, 정호윤
마케팅   최혜령, 도우리
제작   제이오
경영지원   백선희, 권영환, 이기경

펴낸이   서현동
펴낸곳   ㈜오팬하우스
출판등록   2024년 5월 16일 제2024-000141호
주소   서울특별시 강남구 테헤란로 419, 11층(삼성동, 강남파이낸스플라자)
이메일   info@ofh.co.kr

ISBN   979-11-94072-00-3 (03160)

마인드셀프는 ㈜오팬하우스의 출판브랜드입니다.